誰でも
楽しくて
どんどん
書いてしまう
「空想作文」
とは?

本物の
学力は

12歳までの「作文量」で決まる!

小論文・作文通信指導の「白藍塾」塾長
樋口裕一

はじめに

私は長年にわたって小論文や作文の指導にかかわってきました。

25年前の1991年に通信添削による小論文指導塾「白藍塾」を設立し、98年からは小学生作文教室を開講して、小学生から社会人まで多くの方から支持を得てきました。

小学生の指導にかかわりながら、常々強く感じていることがあります。

それは、子どもの本物の学力は「作文」でつくということです。

作文は小学校の成績に直接の関係がありません。国語の時間の一部に取り上げられているだけです。

しかし、作文を書くことによって、言葉を操作する語彙力と論理力が身につき、コミュニケーション力が磨かれ、社会性が生まれ、自分の言いたいことを持つようになり、ほかの人の文章を読み取る力も増します。

要するに、知的に物事を見て考えられるようになり、それを表現できるようになるのです。これこそが本物の学力でしょう。

受講生は作文を学んだことによってみるみる力をつけ、豊かな感性と知識欲、しっかりとした考えを身につけていきます。

本書でも説明している通り、現在、大学入試をはじめ大きな教育改革が行われようとしています。そのような改革の中心となるのが、物事をしっかりと考え、ほかの人とちがったアイデアを見つけ、それをうまく発信する能力の重視です。

それこそ作文で身につく能力であり、従来の科目ではなかなか教えることの難しい能力でもあるのです。

小学生時代にどれほど作文を書いたかによって、その後の人生が変わってくると言えるかもしれません。

本書のタイトルで「作文量」が学力の決め手である、とうたっています。

文章力は天性のもの、と思われがちですが、実際は文章力はセンスよりも書いた量に比例して上がっていくのです。

したがって、書けば書くほど文章力と同時に学力が身につく、というのは私の実感しているところでもあります。

もちろん、作文はただ量を書けばいいということではありません。

いやいやたくさんの作文を書いても力はつきません。楽しみながら、親に言われなくても自分から進んで作文を書くことによって本物の力がついてきます。

そして、その出発点になるのが、本書でおすすめする「空想作文」を書くことなのです。

「空想作文」とはいわば「物語」です。

自分で物語を書くことによって文章力と想像力を高めていきます。そして、それをきっかけに文章を書くのが得意になり、読書感想文、小論文も書けるようになり、読書も好んでするようになります。

とはいえ、もちろん子どもはすぐに作文好きになるわけではありませんし、すぐに力をつけるものでもありません。

親の助力が必要です。

どのように親御さんは子どもに声をかければいいのか、どのように作文力を伸ばすか、どのようにモチベーションを維持するかにかかっています。

本書では、作文を書くことの意義、とりわけ空想作文を書くことの大事さを説明し、白藍塾受講生の実際の作文を例として示しながら、上手な作文の書き方、親御さんの指導の仕方などについてできるだけ具体的に説明しています。

多くのお子さんが本書を通じて作文上手になり、国語力をはじめとするさまざまな力を伸ばして21世紀に羽ばたく大人になるための礎を作ってくださることを祈ります。

また、楽しい作文を掲載させてくださった受講生の皆さんに感謝します。

目次

第1章 「書くこと」がすべての学力の土台です！

第2章 どんな子も夢中になる「空想作文」とは？

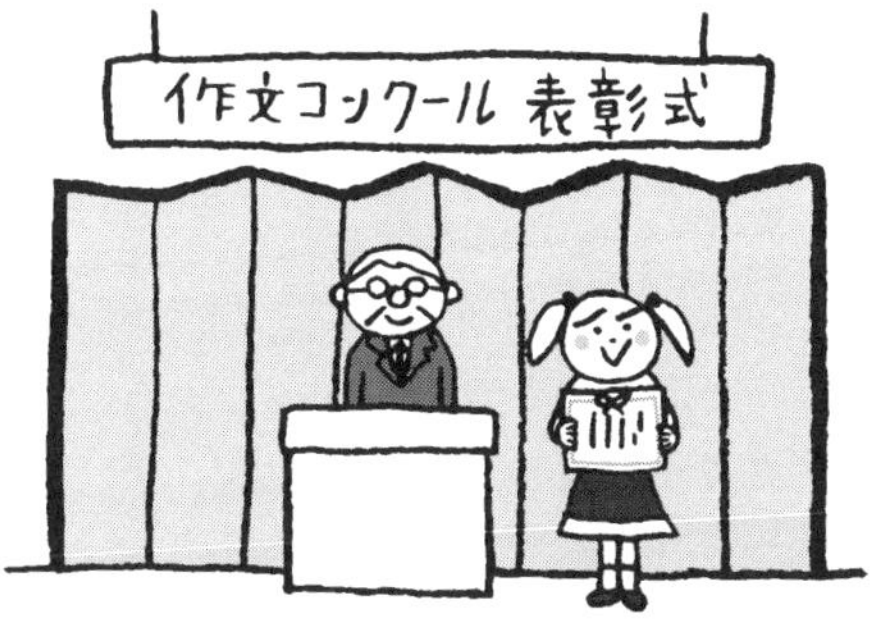
作文コンクール 表彰式

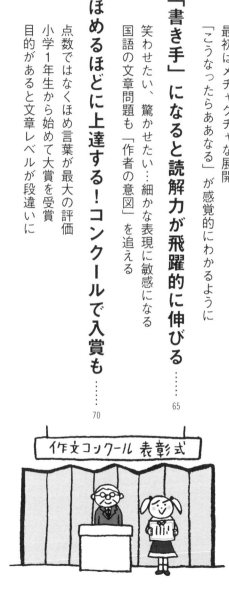

第3章 ここまで書ける！小学生のスゴイ作文

第4章 「型」を使えば作文が劇的に変わる

宇宙旅行が好き！
魔法使いが好き♥

第5章 書く楽しさに目覚めさせる家庭の習慣

第6章 読書感想文、小論文も大得意に！

ブックデザイン／萩原弦一郎、荘司隆之（ISSHIKI）
イラスト／江田 ななえ

第1章

「書くこと」がすべての学力の土台です!

本当に頭がいい子とは「書く力」がある子

計算力や知識も大切だけれど…

皆さんは学力というと、どのような力を想像されるでしょうか。

たくさん知識を持っていることや、計算力、読解力などとお考えの方も多いかと思います。

これらはいわゆるインプット型の教育で得られる力です。

以前は、知識を持てば持つほど賢いとされ、学校の入試などでも、どの程度知識があり、解答できるかを見るテストを中心に作成されていました。

しかし、現在はどうでしょうか。

結論から申し上げると、いかに知識を持っているか、いかに計算が速くできるかよりも、自分でアウトプットする能力が求められているのです。ここでいうアウトプットする能力とは、自分で考えて発信する力、自分の考えを書く力です。

かつては、学校の勉強さえできれば、特別な自己アピールなどせずに、比較的希望通りの就職をすることができました。そして、上司に言われた通りに仕事をしていれば、それなりの地位につくことができました。

ところが、今では企業に入るにも、発信力が求められます。

エントリーシートや面接で文章力、アピール力が求められます。入社後も、自分の考えをレポートで示し、プレゼンを行って仕事を獲得し、自分の考えを発信して仲間と連携を取ったり、説得したり交渉したりして仕事を進めます。そして、その成果も示さなければなりません。そうして、周囲に認められてこそ仕事ができ、地位が与えられるのです。

学校でもそのような能力を養成することが求められるようになっています。**通常の授業でも書く力や話す力、問題を発見する力、着想する力、説得する力が重視されつつあります。**

その傾向は学校の入学試験でも顕著です。全国の公立中高一貫校の9割以上の学校の適性検査（入学試験）で作文問題は必須とされ、しかも作文の得点にかなりの比重がおかれています。

平成26年度の東京都立桜修館中等教育学校の適性検査では、木材の写真を見せたうえで、次のような設問がありました。

次の「木材」の写真を見て、あなたが考えたことを分かりやすく書きましょう。字数は、五百字以上、六百字以内とします。

このような問題は通常の国語の読み取り、書き取り問題だけをやっていては当然解くことができません。写真を見て自分が思ったこと、考えたことをしっかり言葉で書くことが求められているのです。

見たことのない問題であっても、自分の頭で考え、自分なりの答えをひねり出し、他者に伝わるように発信できる力、つまるところ本物の学力を持った人が必要とされていると言えるでしょう。

自分の頭で考え、意見を言えるかどうか

私が塾長をつとめる小論文・作文の通信添削塾の白藍塾で、ある保護者の方が入会理由を次のようにお話ししてくださいました。

「子どもに、この先の長い将来にわたり必要となる文章能力を、しっかり学ばせたいと思ったから」

この保護者の方がおっしゃるように、作文は単に国語力、成績を上げる、入試に役立てるという、小中高の学びに結びつけるだけのものではありません。

生涯を通じて必要な、生きる基盤となる力を身につけられる。それが作文なのです。

一般的に「頭がいい」と言われるのはどういうことでしょう。たくさんのことを覚えたり、速く計算ができるのもすばらしいことですが、それだけでは十分ではありません。

頭がいいとは、筋道だって物事を考え、現実に即して考えを深め、それを自分なり

に展開できるということです。

これこそまさしく作文によって身につけられることなのです。

作文を書くということは情緒を育てるだけではありません。思考力、つまりはすべての基本になる学力を育てるということなのです。

小さいうちから作文に慣れさせたい

「そうは言っても作文を書かせるくらいなら、漢字を覚えたりするほうが成績向上に結びつくのでは？」と思われる親御さんもいることでしょう。

「作文なんて、小学校高学年から少しやれば十分だ。まずは勉強に必要なことをしっかりと覚えることが大事だ」と思われている方もいるかもしれません。

しかし、私の実感はまったく異なります。

作文こそは人間の総合的な力を伸ばす科目です。

頭のいい子どもに育てるのは、作文こそが第一なのです。しかも、できれば小さなうちにそれに慣れさせるべきなのです。

学校の授業で取り組む読解問題や漢字の書き取りだけでは、どうしても場当たり的な勉強になりがちで、応用がききません。読んだことのない文章の読解はうまく読み取れず、習ったことのない漢字は読めないということになります。

しかし、学校から一歩外に出ると、当然ながら「見たことのない問題」に遭遇します。

こうした問題に対応できるようになるには、暗記型の勉強ではなく、「自分の考えを相手に伝わるように書けること」がもっとも有効な手立てです。

どんな問題に対しても、自分の頭で考え、対応する力を「作文」で養うことができるのです。

本を読むこと以上に国語力を上げる「作文」

学校では後回しにされがちだが

国語力をつけるために大事なことは2つあります。

ひとつは言うまでもなく、たくさんの文章を読むことです。本を読み、新聞を読んで、文章に慣れていれば、とくに苦労なく読解できます。国語の成績も上がります。

ここで言いたいのは、もうひとつの方法、作文を書くことです。

書くことによって、文章を書くときのコツがわかってきます。ということは、とりもなおさず、読むときのコツもわかってくるのです。

ところが、現在の国語の時間のほとんどが、読み取ることに時間が費やされています。

近年、書くことや話すことにも力を入れるように文科省は進めていますが、実際に指導する先生たちが必ずしも書くことを得意にする人たちばかりではありませんので、十分に効果を上げていないようです。

そのため、書くことに費やされる時間が圧倒的に少ないのです。

書く側に立つと、書かれたものがよくわかる

よく「読み書き」といわれます。まず読む力をつけて、それから書く力をつけよう、という考え方がこの言葉の中に潜んでいるように思われます。

しかし、私は実は「書き読み」であるべきではないかと考えています。

ご自分の学生時代を思い出してみてください。

多くの方が、読書感想文やレポートを仕上げるために、何冊もの本を繰り返し読んだ経験があるのではないでしょうか。

「書く」ということが契機になってくわしく読むのです。書かなければならないからこそ、人はしっかりと読みます。

自分の心の動きを書こうとすると、それがくわしく見えてきます。

文章を書かなければいけないと考えるからこそ、世の中について考えるのです。

書こうとしなければ見えないものが、書こうとするからこそ見えてくるのです。

このように、実際には書かなければならない状況になってアイデアを探し、そうこうしているうちに文章のネタを見つけます。

それを続けているうちに、世の中を見る目が育ち、文章力が身についてくるのです。

書くという契機がなければ、物事は知らないうちに通り過ぎてしまいます。

書かなければならない、書く必要があると思うからこそ、世の中のさまざまなことに気づきます。こう考えると、読むよりも先に「書く」という行為があると私は思うのです。

好きなことを書いていいなら、子どもはどんどん書く！

魔法使いの話をゲーム感覚で

「作文」というと、嫌がる子どもがたくさんいます。もちろん、書くこと自体を嫌がる子どもも多いでしょう。しかし、それ以上に、**作文というと道徳くさくなってしまうことに嫌悪感を持っている子どもが多い**ようです。

現在、学校の作文のほとんどに道徳的な内容を書くことが求められます。「作文は個性が大事」などと学校でも言われますが、実際には、道徳的な作文が好まれます。

そもそも、そのような題材が与えられます。

「小学校6年間の思い出」「友情」「思いやり」という題を出されると、書く側としても道徳的なことを書かざるを得ません。
「6年間でよい友だちを作れて楽しかった」「友情は大事だ」といったことを書いてしまいます。それが求められているのだから、当然です。
しかし、たとえ本当にそう思っていたとしても、そのような内容を書くのは決して楽しくありません。もしそれが本音でなかったら、ますます苦痛になるでしょう。
しかし、空想を書いていいとしたら、どうでしょう。

子どもたちは空想することが大好きです。

小さな子どもでも雲を見ると、そこから空想をふくらませます。動物と話をすることを空想し、魔法使いが助けてくれることを空想します。もう少し大きくなると、恋の物語や美しいサクセスストーリーを想像したり、宇宙を救うための闘いや宝物を獲得する冒険を空想したりします。

次の作文は小学2年生の男の子が書いた冒険のストーリーです。

みんなでさがしたおたんじょう日のたから

星野壮祐（小2）

ぼくは海賊の子供だ。たん生日に宝の地図を、お父さんからもらった。ぼくの仲間は四人。お宝をさがす冒険に出ることにした。

ぼくたちは、地図を見ながらそうだんした。さいしょに、一ばんあぶない場所に宝がかくされていると思った。サメの絵がなんびきもかかれた所と、もう二つあぶなそうなところがあった。海どうくつとドクロ岩だ。さっそくさがしにいくことにした。

「レッツゴー。」

まずぼくたちは、サメのすに行った。その時たくさんサメがあらわれた。ぼくたちは、体あたりやタイホウでたたかった。とつぜんサメはきえさった。その目の前に石ぞうがあらわれた。石ぞうが光って海のどうくつの方にむいていた。

（以下省略）

このように自分が好きな題材でしたら、ゲームと同じような感覚で書けるのです。

空想を羽ばたかせ、ゲームと同じような主人公を自分で作り出し、その冒険と活躍を書くことができたら、これほど楽しいことはないでしょう。


白藍塾の小学生作文教室では、低学年のうちから少しずつ空想をふくらませて、高学年では空想作文を自由に書くように工夫しています。

保護者の方からのアンケートでも、空想作文のおかげで喜んで作文を書くようになったという報告が寄せられています。

私は、もっともっと空想作文を子どもに書かせるべきだと考えています。

それこそが、子どもたちを作文好きにさせ、文章力を養い、学力を伸ばす絶好の方法なのです。

作文をきっかけにして、全科目が得意に

国語はもちろん、英語まで成績アップ

先ほど「作文を書くことが学力に直結する」と申し上げましたが、具体的にどのように作文が役に立つのかお伝えしたいと思います。

成績に直結するのは、まずは国語です。のちにくわしく説明しますが、**文章を書くことによって、語彙も増え、論理的に考えることもできるようになり、書いている人の気持ちもわかるようになります。**

つまり、書くことによって、文章を読み取れるようになるのです。

私は30年ほど前から大学受験生向けに小論文の指導を開始し、20年ほど前からは小学生、中学生向けに作文・小論文の教育をしています。

そこでしばしば言われるのは、**小論文の勉強をすることによって国語の成績が上がった**ということです。

それは当然のことです。

小論文や作文を書くことによって、知識も増え、論理力も鍛えられ、語彙力も増えます。国語の課題文として出るような文章を自分で書くわけですから、読み取れるようになるのは当然です。

「小論文試験のある学校を受験しよう思って勉強したが、国語の成績が上がったので、小論文のない大学を受けて合格した」という報告を受けることも少なくありません。

いえ、それどころか私も意外だったのですが、**「小論文の勉強をしていたら、論理力も鍛えられ、文章のしくみがわかったので、英語の長文が読み取れるようになった」**という声もよく聞きます。

こうしたことも、いかに書くことが大事であるかを示していると言えるでしょう。

社会や自然科学にも興味が広がる

国語はともかく、作文が国語以外の他教科について具体的にどう役に立つのだろう、と思われるかもしれません。作文がいかに学力全般について役立つのか、少しご説明させていただきたいと思います。

たとえば社会科は文章を書くこととつながっています。

歴史や地理など、社会科は暗記科目だと思われがちですが、そうではありません。社会はどう動いているのか、社会にはどのような人々がいて、どのような考え方をしているのか。どのようなしくみで多様な考え方、多様な職業や地域の人をまとめることができるのかを学び、社会に目を開くための科目が社会科です。

作文を書くということは、自分の内部を見つめることであると同時に、他者との関係に気を配ることです。あるいは、貧しい人の存在、豊かな人の存在、別の価値観の人の存在、別の国の存在に気づくことでもあります。まさしく社会との関係に気づく

ことにつながります。

そのような視野の広い子どもは、暗記だけでなく、社会の動きに関心を持ちます。

たとえば、歴史は何かが起こったら次に必然的にこのようなことが起こる……という関係の積み重ねです。

歴史好きの子どもはそのようなつながりを理解し、社会はどう動くのか、何をした人が社会の中で頭角を現すのか、歴史上の人物は時代に対してどのように行動してきたのかを理解していきます。

文章を読んだり書いたりするようにな

ると、気楽に新聞を開くようになります。そうすれば、必然的に社会にも目が向き、文章も読み取ることができるようになり、新聞の中に書かれている科学分野にも関心を広げます。

言うまでもないことですが、新聞には社会科にかかわることだけでなく、医学、天文学、気候学、土木学など理科にかかわる記事もたくさん出てきます。そうした問題にも関心を広げます。

算数に必要な論理思考も育つ

また、直接作文に関係なさそうな算数も、文章題はもちろん文章の読み取りが求められます。

そればかりか、買い物をするとき、面積を計算するとき、用事に必要な時間を計るときなど、日常の生活で算数を使う場合、頭の中で文章題を自分で作って、それを解くことになります。

作文を書くことは、日常に起こっていることを順序立てて整理し、数式に組み立て直すときにも役立つのです。

こうして、作文を学ぶことによって、全科目への関心を広めるようになるのです。作文を書き始めてから全科目に関心を広げた、という子どもは白藍塾の塾生にも多くいます。

保護者の方から「作文教室のおかげで、文章を書くのが好きになった。本を読むのが好きになった」ということに加えて、**「ほかの科目への関心が広がった」**という声が寄せられることもしばしばあります。

また、私の長男は現在、博士論文を執筆中の歴史学者の卵ですが、長男もまた小さい頃に作文を書かせたことで社会に目が開き、歴史に関心を持つようになった例だと考えています。

メールやSNSの短文では磨かれない表現力、発信力

仲間内のやりとりに理屈は必要ない

ところで、「最近の若者は、メールやＳＮＳで書き慣れているから、昔の子どもたちよりも文章を書くのがうまい」という声を聞くことがあります。小学生でもスマホを使いこなし、ＳＮＳを用いて人と連絡を取ることがあるようです。

たしかに、今の若者はしばしばメールやＳＮＳに文章を書いています。

しかし、私はこれらの文章を書くことによって、若者の文章力が向上しているとは思っていません。むしろ逆に、これらは**思考を停止させ**、**文章力を低下させる**と危惧しています。

私がそう考える最大の理由、それは、基本的に若者が用いるメールやＳＮＳは同じ価値観を持った仲間内でのやり取りだということです。

言ってみれば、ＳＮＳの世界は「なあなあ」の世界です。皆まで言わなくてもわかり合える人たちがつぶやき合っているわけです。自分の価値観を他者に説明するわけでもありません。自分の意見をまとめるわけでもありません。

他人に反対して意見を言うような人は、この場から除外されてしまいます。

一方、**作文を書くことによって、自分とちがう体験と価値観を持っている人に伝える力を養うことができます。**それはつまり、「コミュニケーション能力」です。

「どうしたら、もっと伝わりやすくなるか？」

小学校での成績の良し悪しというのは、基本的に先生の話をきちんと理解し、自分が理解したことを先生にわかってもらうことにつきます。

勉強のできない子というのは、先生の話を理解できず、あるいは話をはじめから聞こうとせず、理解したことを人に伝えることができないということになります。

作文を書くということは、読み手を意識することです。

読者の気持ちを考えながら、伏線を張ったり、真相を出し惜しみしたりします。これまで読んだり聞いたりした物語やアニメ、ドラマなどをまねて、読者がおもしろく思ってくれるように、そして時には驚くように、笑うように、感動するように書きます。

それを続けるうちに、読者の心がわかってきます。人の心がわかってきます。言うまでもなく、コミュニケーション力もつきます。そればかりか、何よりも読解力が増してきます。

読む人の気持ちを読みながら書いていくわけですから、書く者の気持ちがわかるようになるのです。その相互作用ができるようになるのです。

あまりに独りよがりなことを書くと、自分でも書いているうちにそれに気づくようになります。

たとえそのときに気づかなくても、作文として外に発表されると、誰かにそのことを指摘されて、自分の文章の欠点に気づきます。

こうして徐々にコミュニケーションをすることが得意になってきます。

話し下手な子もコミュニケーション上手になれる

引っこみ思案の子どもであったとしても、作文を書くことによって自己表現ができます。

人と話ができない劣等感を、作文を書くことによって払拭できます。

さらに、**作文が得意になって先生にほめられたりすると、自信を持つことにつながり、友だちと普通に会話するきっかけにもなる**でしょう。

重松清さんの児童文学の名作『きよしこ』（新潮社）は、吃音で苦しんだ重松さん自身の体験をもとにした小説です。

吃音のために引きこもりがちになってしまった清少年が、作文が得意になることによって自己実現していく物語でもあります。これも、作文がいかにコミュニケーション力を養う力を持っているかを語っていると言えるでしょう。

小学生のうちに作文量をたっぷり積もう！

勉強ではなく、楽しみとして

作文は、まだ「勉強」と考えずに、楽しみとして書けるような小学校低学年から始めるのが理想です。

小学校高学年になると、男の子も女の子も自我が強まり、一人前になってきます。そうなりますと、なかなか親の言うことを聞きません。親と一緒に遊園地などに行くことも嫌がるようになるのが一般的です。

思春期の子どもに「とても作文が上手になった」とほめても疑います。親の魂胆を簡単に見破ってしまいます。本当に上達したためにほめていても、疑ってしまうものです。

その点、低学年の子どもでしたら、**上手にほめることによって、すぐに「作文は得意」と思わせることができます。**

はじめは、錯覚で「得意」と思っていても、そう思って実際に作文をたくさん書いているうちに、確実に力がついてきます。そして、間違いなく、**誰が見ても作文が得意な子**になっていくのです。

書けば書くほどうまくなる

作文の上手な人と下手な人のちがいはどこにあるのでしょうか。

実は、簡単なことです。書いた量がちがいます。たくさん書いている人は作文が上手です。書いたことのない人は上手ではありません。逆に言えば、書けば書くほど上達します。

もちろん中には、天才的に文章のうまい人がいます。

芥川龍之介や三島由紀夫といった稀代の文章家なら、はじめて文章を書いたときから大人を驚かせるほど達者な文章を書いたかもしれません。

しかし、ほんの一部の人を除けば、書く量に比例します。それが、長年作文・小論文の指導をしてきた私の実感です。

よい作文を書くように強い指導をする必要はなく、少しのアドバイスで十分です。**まずは楽しませながらたくさん書くことを優先します。**

楽しんで書くようになると、自然に同級生や少し年上の子どもの上手な作文を読んだり、プロの書いた文章を読んだりして、徐々にどうすればおもしろい作文が書けるか、自分で習得していきます。

そして、あるときを境に、それまでとは見違えるような作文を書けるようになり、驚くことに他の教科の学力も向上していくのです。

夕食前や朝時間など習慣として組みこむ

作文をやらせるときのコツは、「勉強」と思わせず、むしろ歯磨きや食事前の手洗いと同じような「習慣」とみなさせることです。しかも、楽しい習慣です。

勉強と思ったとたんに、子どもはそれを苦痛に思うものです。

習慣づけるためには、時間を決めて、短い時間に作文を書かせるのがうまい方法です。

もっともよいのは、夕食前の15分です。もし、気が乗って時間をかけて書くようでしたら、時間をのばしてください。

そのほか、夕食後や就寝前、学校に行

く前の朝の時間などを使うこともできます。

いずれにしても、15分から20分ほど、短くてかまいませんので、ほぼ毎日書くような習慣をつけるといいでしょう。それをしないと落ち着かない気持ちにさせるのがうまい方法です。

日記を続けて書いている人は、そのように時間を決めて書き、書かずにいると落ち着かずにいることでしょう。それと同じような気持ちにさせるわけです。

プロの手を借りるのもアリ

そもそも学校はそのような習慣をつける場所ではありません。**家でこそ、夕食後や就寝前などに適当な時間を作り、自由にのばしたり縮めたりできるのです。**

多数を相手にする学校では、一人ひとりの文章を全部読むだけでも、先生は大変な作業になってしまいます。その点、家庭ですと、一人ひとりの文章を読んで指導することになります。それぞれの個性に応じることができます。

もし、保護者の方では作文指導の手が余るときには、白藍塾のような通信添削制の作文塾があります。

白藍塾では、一人ひとりの作文に応じて講師が指導し、とりわけ低学年の場合、家庭でお子さんが保護者の方とともに課題を仕上げることを前提としています。

そのような作文塾を利用なさると、家庭での作文教育を充実させられるでしょう。

子どもに渡すなら、ドリルよりも1冊のノートを

計算に書き取り…親はいろいろやらせたくなるが

子どもが小学校に上がる前後に、勉強に役立つことを始めさせたいという場合、学習塾の通塾を検討される親御さんも多いかと思います。

もちろん、さまざまな考えがあると思いますし、画期的な教育をしているすぐれた塾もたくさんありますが、私自身は小学校の低学年までは子どもを塾に通わせる必要はないと考えています。

小学校低学年のうちに塾に通わせ、定期的に勉強させるのは大変負担が大きいと思うのです。

宿題をこなすのも大変でしょうし、周囲の子どもたちと遊んだり楽しんだりする時

間が減るのも好ましいことではないと思います。

これまでお話ししてきた通り、もっとも大事なのは国語力であり、書く力です。そして、その力は家庭で養うことができるのです。

作文は場所を選ばず、必要なものもえんぴつとノートだけで簡単に取りかかることができます。そして、学力をつけることができます。これでしたら、低学年から高学年まで、大きな負担なく家庭で行うことができるでしょう。

白いページに無限の可能性がつまっている

私は小学校低学年の場合はとくに、塾よりも家庭学習、しかもドリルを与えるよりもノートを与えて作文を書かせることが大事だと思うのです。

本書で説明する通りに、上手に子どもにやる気を起こさせれば、子どもは自分からノートに作文を書くようになります。ノートはそのための記録と考えることができます。

しかも、ドリルとちがって、このノートは自由です。与えられた答えをひとつだけ見つけるものではありません。一度書いた作文を、もっと上手に書き直すこともできます。同じ題材で別の角度から書くこともできます。親御さんがさまざまな自由な課題を与えて、それを埋めていくこともできます。

作文にはひとつの正しい答えがあるわけではありませんので、答えが一度出てからも、もっと別の書き方をすることができます。

作文が得意で国語力があり、そのほかの科目もぐんぐん伸びる子を育てることは、それほど難しいことではありません。その一歩になるのが、作文ノートなのです。

高いお金を払うこともなく、親と子どものコミュニケーションを高めながら、自宅で気軽に続けてこそ、基本的な学力が身につくのです。

第2章

どんな子も夢中になる「空想作文」とは?

うそでも悪いことでもＯＫ！
おもしろければいい

学校の作文との大きなちがい

空想作文とは、もちろん空想を書く作文です。

作文を書くとき、しばしば「ありのままに書け」と指導されます。起こったことや、その時の気持ちを素直に思った通りに書くというのが、通常の作文の基本的な考え方です。

もちろん、そこにうそを書くことは基本的に許されません。

読んでいる人は、そこに書かれているのが事実であるという前提のもとに読みます。評価するときには、文章力以外の体験や人柄そのものが対象になります。

　それに対して、**空想作文の場合、本当のことを書く必要はありません**。読むほうも、それを事実と思って読むわけではありません。

　小学校低学年の場合、子犬を拾った話、動物が人間の言葉を口にした話、雲に乗って空を飛んだ話といった程度かもしれません。中学年になると、もっと空想が広まります。宇宙に行った話、魔法を使った話、怪獣と戦った話、タイムマシンで大昔に行った話、幽霊やおばけが出た話を書いていいのです。

　もちろん、日常生活を扱ってもかまいません。しかし、そこでも事実を書く必要はありません。突然、自分と父親が入れ替わった話でも、自分が消しゴムになってしまってもいいのです。あるいは、これまで行ったことのない土地を訪れた物語を書くこともできます。空想をたくましくします。

そもそも、題材として与えられるのが、「遠足」「小学校の思い出」「友情」というようなものではありません。「無人島に到着したら」「魔法の薬を見つけたら」「タイムマシンが壊れて大昔に着いたら」というような課題が与えられます。いわば、小説のように書くことが求められています。子どもたちは、「事実を書かなければならない」という呪縛から逃れることができます。

大げさに書いてもかまいません。いくらでもうそをつけます。空想作文は、うそをついてもいい場所なのです。

評価の対象はあくまでも空想力と文章力です。人柄やその人の経験は評価の対象にはなりません。どのような表現によって、どれほどおもしろい空想を展開するかが評価の対象になります。

「美しいこと」を書かなくていい

通常の作文には先ほど書いた通り、道徳的な文章が求められます。それは、言い換えれば、通常の作文には思想教育という側面があるということです。道徳的なことを書かなければ先生ににらまれてしまうのではないか、という恐怖が子どもの中にあります。

それどころか、「文章を書くというのは『美しいこと』を書くこと」という根強い先入観があります。いえ、単に先入観とは言えないでしょう。実際に学校の現場では、道徳的なことを書かないわけにはいきません。

「友情なんてつまらない。思いやりなんて持ちたくない」などと書くと、通常の作文教育の場では、問題児とみなされてしまうでしょう。

作文の評価も当然、低いものになります。たとえ、それが本音だろうと、それを書けないのが、日本の作文教育です。

そのため、子どもたちの書いた作文は、最後に「これからもっと友情について考えようと思いました」「これからもっと思いやりを持ちたいと思います」というような道徳的な努力目標をつけ足すようになるのです。

それが作文としてもっともレベルの低いものであるにもかかわらず、子どもたちは、どうしてもそのようにしてしまいます。それも、作文が思想教育という面を持っているからにほかなりません。

空想作文にはそのような制限はありません。自由に空想をふくらませて書くことができます。ですから、**空想作文を書くと、最後に「これからもっと友情について考えようと思いました」とつけ加えるようなおもしろくない作文はほとんど現れません。**

道徳の強制から逃れられているからです。

空想を本当の出来事のように書く

空想作文の評価は、おもしろいかどうか、ただそれだけです。ゲームと同じです。

ですから、もちろん、うそをついてもかまいません。

空想を書くわけですから、そもそもむしろうそを書くべきなのです。

空想したことを、まるで本当にあったかのように書くことが、むしろ大事なことです。

次の文章は小学3年生の男子が書いた作文です。

ヘビくん大ピンチ！

菊池孝希（小3）

ぼくは、家族といっしょに動物園へ行きました。いろいろ回っていると、ぼくのきらいな動物がいました。ヘビです。「ウギャ！」思わずお父さんの後ろにかくれました。（まてよ、ぼくはまほうが使えるんだっけ。）ということでヘビに話しかけてみました。（こんにちは。）（なんできみは話せるの。いやとにかくたすけてよ。きのうからよくねむれないんだ。）ヘビが舌をペロペロだしながら言いました。（以下省略）

読んでいただくとおわかりになる通り、動物園に行く、という実際にありそうな文章の中にヘビと会話する様子が楽しげに描かれています。

「うそを書いたらだめ」と言うのではなく、**「どんなことを書いてもいいんだよ」**と言うことで子どもの想像力はぐんぐん伸びていくのです。

しばりがなくなると個性が出てくる

そもそも、作文にうそはつきものです。本当のことを書けという昔ながらの指導自体が、よく考えるとおかしなことです。

書くということは、出来事、考えたことの一部を切り取ってそれを強調することです。ここにどうしても演出がふくまれます。

何かをあえて語らないことは、言ってみれば、うその一歩手前です。

子どもたちは「本当のことを書かなければいけない」というプレッシャーのために、作文嫌いになり、作文で思いきり空想をはばたかせることができず、いつまでも作文力を養うことも国語力を養うこともできなかったのです。

それから解放されることによって、子どもたちは作文をもっと楽しいものと認識できます。

作文と絵は似ています。

これまで誰もが書いてきた題材を、みんなと同じような構図、同じような色、同じような形で描いたのではおもしろい絵になりません。評価される絵は、自分らしさを表現した絵です。作文も同じです。

一人ひとりちがうのですから、自分らしさを表に出して、ほかの人とちがったことを書こうとすれば、おのずとおもしろい作文になるはずです。

そして、空想作文の場合、とりわけ「みんなと同じでなくてはいけない」というプレッシャーから抜けられるので、いっそう個性的になるのです。

ストーリーのつじつま合わせで論理力アップ

最初はメチャクチャな展開

空想作文を書くことによって、論理性も身につけることができます。

もちろん、論理性を身につけるには、小論文のような論理的な文章の練習をする必要があります。

しかし、小学校低学年でその種の文章を書くのは難しいでしょう。空想作文によって、その基礎的な力を養うことができるのです。

論理性と言っても、それほど難しいことではありません。

小学校低学年の男の子に空想作文を書くように促すと、しばしば次のような宇宙戦争を書きます。

宇宙かいじゅうがせめてきました。

ドキューン、ドキューン。

ぼくは友だちのマサといっしょにロケットにのってたたかいました。

「よおし、こんどは右からこうげきだ。」

とマサは言いました。

「今度は前からだ。」

とぼくはいいました。

「ようし、スイッチオン。ゴー。」

5000ミリMAAばくだんをとうか！

バキューン、バミューン、バリバリ、ガンガン……。

「右エンジンをやられた。」

「だっしゅつしよう。」

さやかは地上でぼくをずっと待っていました。ぼくがたたかっているあいだもとても心配していました。さやかはちきゅうの王女様でした。

ぼくがパラシュートでだっしゅつしたので、さやかは安心しました。

パラシュートでおりたら、うちゅうじんがいました。

「やあ、君たちはちきゅうのヒーローだ。なかなおりして。うちゅうをへいわにしよう。」

とうちゅうじんはいいました。

さやかもやってきました。こうして、ちきゅうはへいわになりました。


このように、何の必然性もなく戦争が始まり、突然ヒーローが最強の武器を出して怪獣をやっつけます。時にそこにお姫様を助けるエピソードが加わったりします。必然性がないために、ストーリーも意味不明、それぞれの登場人物の行動も支離滅裂になってしまいます。つまり、論理性がないのです。

しかし、これも読んだ人が少し意見を言ったり、アドバイスをしたりすることによって、徐々につじつまの合うストーリーになっていきます。こうして、論理性が育っていきます。

「こうなったらああなる」が感覚的にわかるように

次の文章は小学2年生の男子が白藍塾に入塾して7ヶ月後に書いた作文です。

うちゅうへのぼうけん

伊藤祐哉（小2）

3、2、1、はっしゃ。ロケットエンジンに火がつきました。ゴゴゴゴゴゴゴー。だんがんのようないきおいでいっしゅんのうちにうちゅうまででていってしまいました。ところがすぐにロケットエンジンがとまってしまいました。「なぜとまったんだ。」ヒカルせんちょうがおおごえをはりあげました。「すぐしらべます。」デバルチェがいったとたん、「せんちょう。いんせきです。」ヒカルがまえをみると、きょだいないんせきがせまってきています。

（本文より一部抜粋）

宇宙船のメンバーたちの様子が、とてもいきいきと描かれています。論理的なのはもちろんのこと、まるで本当のSF小説を読んでいるような、大人っぽい、本格的な感じが伝わる作文だと言えます。

論理性とは、つじつまが合うように考えることです。このようなことが起こったら、必然的にこうなる……という感覚です。そして、そこから外れたことが起こると、「おや、おかしいな？　どうしてそうなったのだろう」と感じる感覚です。はじめは論理的におかしな作文を書いていた子どもも、空想作文を書くことによって論理性のある文章を書くことができるようになるのです。

しかも、のちに説明する通り、作文を書くときにある種の「型」を用いると、うまく文章がまとまります。

型は論理的にストーリーを展開するための手段と言えるでしょう。型を身につけることによって、まとまりのある文章を書くことができるようになります。つまりは、論理的に書くことができるようになるのです。

「書き手」になると読解力が飛躍的に伸びる

笑わせたい、驚かせたい…細かな表現に敏感になる

さらに、空想作文を書くことによって飛躍的に力がつくものがあります。それが表現力と読解力です。

たとえば、子どもたちの空想作文には「おばけ」や「幽霊」が登場します。はじめのうちは、「向こうからおばけがやってきた。こわかった」とあっさりと書きます。が、もちろん、それでは、どのような姿をしたおばけなのか、なぜそれが人間でなくおばけだとわかったのか、どうこわかったのかが伝わりません。

もっと目に見えるように書くよう指導します。すると、子どもたちはあれこれ工夫して、比喩を使ったり描写をしたりして、おばけのこわさ、気味の悪い姿を示そうと

します。

次の文章は小学5年生の女子が書いた作文です。夜の学校に主人公が友だちと一緒に侵入し、学校の気味の悪い様子が秀逸に描かれています。


家をとび出し夜の学校へ！

堀杏奈（小5）

（前半部分省略）

「やっぱり、暗くてこわいね。」

「でも、何も出ないよ。絶対。」

そのときでした。コン、コン、トン、トン、と、足音が聞こえました。

「何か、聞こえる……。」

私たちは大声を出すのをがまんして、おしくらまんじゅうのようにくっついて歩いて行きました。その後も、理科室の前を通った時に人体も型がたおれたり、ろう下でうめき声がひびいていたり、こわい現象がたくさんおこりました。

「もうやだ、私帰りたい！」

ゆき子ちゃんがすわりこんだそのときなんと目の前には私たちのお母さんが立っていました。ここぞ作戦を立てている私たちをあやしいと思ってつけてきていたのです。そして、全部話してしまったのです。

「ごめんなさい、それで、おどかしたのお母さん達でしょ？」

「え？　ついてきているのを知っていて、あなた達がおどかしたんじゃないの。」

「ちがうよ。ということは……。」


子どもたちは文章を書くのが楽しくなってくると、読んでいる人をこわがらせようとしたり、笑わせようとしたり、時には涙を流させようとしたりするようになります。

この文章はこわさや不気味さをくわしく書いたうえに、余韻でこわがらせるというさらに一歩上の表現を取り入れたところが技アリです。あえて言わないことがより何かを感じさせる。人の感情を理解しているから書けるのだと思います。

このように文章を書くのが好きになると、微細な文章表現に注意を払うようになります。

たとえば、「です・ます」にするか「だ・である」にするかによっても、文章の雰囲気はまったくちがってきます。時々会話を混ぜるか、会話の中に方言や流行語を混ぜるか、どのように登場人物のキャラクターを示すか。

そのようなことを考えることで、語彙も豊かになっていきます。

国語の文章問題も「作者の意図」を追える

作文がいかに国語の力を高めるか、書くだけでなく読む力もつけるかが、すでにおわかりいただけたと思います。

自分で書くわけですから、読むだけのときより数倍、それを理解できます。

読むときに字の読みを間違えていたり、言葉の意味を勘違いしていたりしても、誰もわかりませんが、文章を書くときに間違えたら、意味が通じません。

誰かに質問されたり、注意されたりして、その間違いに気づきます。それを続けるうちに、辞書で調べる習慣もつくでしょう。

そして、何より大事なのは、書いている人の気持ちがわかることです。書いている人の気持ちがわかるということは、文章を論理的に読めるということです。

「この段落は、前の段落をくわしく説明するために書かれている」「この文は、前の会話を受けて書かれている」などということがわかってきます。

しかも、空想作文はフィクションであり、短い小説のようなものです。

ですから、小説家の気分になって小説を読めるようになります。登場人物の心情、セリフの背後にある気持ち、それぞれの言葉の深い意味なども読み取れるようになります。それを伝えるための文体上の工夫までも理解できます。

時には、「作者はこのように言いたいと思ってこの文を書いているようだけど、どうも、それがうまくいっていないみたいだ」というような評論家的な感想を抱くこともあるでしょう。

そうすることができるということは、飛躍的に読解力が伸びたということにほかなりません。

ほめるほどに上達する！コンクールで入賞も

点数ではなくほめ言葉が最大の評価

　このようにして、おもしろく書こうとすると、書くことが楽しくなります。そして、読んだ人にほめられると、ますます書いてみようという気になります。

はじめのうちは上手でなくても、作文を上手にさせようと思ったら、周囲の人がほめることです。それがほかの教科と異なるところです。

ほかの教科でしたら、いくらほめても点数が伸びなければ、本人も伸びた自覚がありません。しかし、作文はちがいます。**何人かがほめれば、本人はその気になります。**

そして、作文にはそれぞれおもしろさがありますので、無理をすることなくほめることができます。

ほめられて調子に乗っているうちに書き続けていると、本当にみるみる作文が上達します。書けば書くほど上手になっていくのが作文なのです。

そうこうするうちに、先ほど述べたように、頭がよくなっていきます。ほかの科目もそれに合わせて力がついていきます。

小学1年生から始めて大賞を受賞

白藍塾小学生作文教室では、作文コンクールに入賞したという報告をしばしば受けます。その中には、２０１１年の小学館主催の第6回「12歳の文学賞」の大賞を受賞した工藤みのりさんもいます。

12歳の文学賞は小学生を対象にした文学賞で、２００６年に始まり、２０１６年現在もまだ続いています。私も初回から２０１２年まで審査員の末席におりました。初代審査員は重松清さんなどがつとめられ、現在は石田衣良さん、あさのあつこさんと漫画家の西原理恵子さんらが審査員です。

毎年、小学生とは思えないような高レベルの小説が寄せられます。その豊かな才能

には驚くばかりです。

工藤さんは小学1年生のときに白藍塾に入会し、すぐにメキメキと力をつけて、小学校高学年になると常にすばらしい作文を書くようになりました。

地方の作文コンクールはもちろん、全国規模のコンクールでもたびたび入賞し、2010年には12歳の文学賞の樋口裕一賞を受賞。そして、翌年に大賞を獲得したのでした。

私はもちろん審査にはかかわりましたが、白藍塾の会員だからと言って肩入れすることなどなく、ほかの審査員の方々の大きな評価によって得られたのでした。

工藤さんは、特別な才能に恵まれた例

ですが、空想作文によって学力を伸ばし、文章力を伸ばすことができる実例の一人といえるでしょう。

目的があると文章レベルが段違いに

作文に自信を持ったら、ぜひコンクールに出すことをおすすめします。**コンクールに応募する目的ができることで、モチベーションも上がります。**入賞すれば大きな自信につながります。それどころか、将来は作家になりたいという夢が広がるかもしれません。

小学生のための作文コンクールはたくさんあります。読売新聞社主催の全国小・中学校作文コンクールや朝日学生新聞社主催の「いつもありがとう」作文コンクールなどが代表的です。

ただ、これらは、身の回りの出来事や親や友だちとの交流を描く作文が求められていますので、創作そのものを応募するべきではないでしょう。しかし、空想作文を書いて身につけたテクニックは十分に使えます。

もちろん、創作が歓迎されるコンクールもたくさんあります。朝日新聞社と朝日学生新聞社が主催している「海とさかな」自由研究・作文コンクールでは、創作部門が設けられています。旺文社主催の全国学芸サイエンスコンクールも、創作的な文章が認められます。

私がとくにおすすめしたいのは、小学館主催の12歳の文学賞です。プロの作家として通用するレベルの小説から、いかにも子どもらしい小説までいくつもの特別賞が用意されています。また、はがき小説部門もあり、ごく短い空想作文を書くこともできます。ぜひ挑戦してみてください。

第3章

ここまで書ける！
小学生のスゴイ作文

ポイントは「リアリティ」と「ひねり」

「おばけが出た」をどう真に迫って描くか

次の章で実際に本格的な空想作文に取りかかりますが、その前に、どんな空想作文がよい作文なのかを説明しておきましょう。

もちろん、作文を書くこと自体が大事なことであって、評価は二の次です。

しばしば子どもはおもしろい作文、すばらしい作文を書きます。ちょっとしたアドバイスで子どもたちはみるみる力を伸ばし、すぐれた作文を書くようになります。

すぐれた作文の条件として、最初にあげられるのが「リアルである」ことです。

子どもたちに空想作文を書いてもらうと、しばしばおばけや幽霊が出てきます。

書き慣れない子どもは次のように書きます。

> 道を歩いていたら、向こうからおばけがきました。こわくなってぼくはにげました。おばけは追いかけてきました。おばけがふえていました。何人ものおばけが出てきました。
> ぼくは近くの家に入りました。そこもおばけの家でした。またこわくなってにげました。
> 野原までにげたら、友だちがいました。「えいっ。」といっておばけをやっつけてくれました。

せっかくのおもしろいテーマなのに、残念ながら、これではおばけのこわさが伝わりません。目に見えるように書かれていないのです。

「道を歩いていたら、向こうからおばけがきました」と書かれていますが、それがどんなおばけなのか、読んでいる人には伝わりません。

そもそも、なぜそれがおばけとわかったのかも書かれていません。いえ、それ以前に、夜なのか昼なのか、どういう状況なのかもわかりません。

「近くの家に入りました」とありますが、なぜそこに入ったのでしょう。そこもおばけの家だったようですが、そのとき、「ぼく」はどう思ったのでしょう。

友だちが助けてくれますが、どうやって助けてくれたのでしょう。おばけは簡単にいなくなったのでしょうか。

そのようなことが書かれていないと、読んでいる人はリアリティを感じないのです。そうすると、その作文をおもしろいと思いません。

作文の命はリアリティだと言っても言い過ぎではありません。リアルに書くのが、おもしろい作文を書くコツです。

外灯で夜の暗さ、あわてる様子で恐怖を表現

リアルに書くためには、まずくわしく**目に見えるように書く**ことが大事です。

「おばけが出た」で済ませるのではなく、それはどんなおばけなのか、なぜおばけだ

とわかったのか、周囲はどのような状況だったのかを書いてこそ、読んでいる人はリアリティを感じます。


　走ってにげていると、一けんの家が目に入りました。

　明るい光が門をてらし、ドアが開いています。ここの人なら助けてもらえるかもしれません。私は中に入って、あわててドアをしめて、「おばけが出ました。助けてください」と大声でさけびました。

　少しすると、おくのほうから人があらわれました。

「何か、ようがあるのかね？」

　その顔を見ると、その人はのっぺらぼうでした。


　というように書いてこそ、読んでいる人は目に見えるように感じます。そして、そこにおもしろさを感じるのです。

　家のおくから人が出てきて、それがだんだんとおばけだと気づく様子が文章に書かれています。また、「明るい光が門をてらし」から夜に外灯がこうこうと門をてらしている様子がわかります。そうした状況が書かれているために、読んでいる人は情景を思い浮かべることができるのです。

このようにできるだけ、くわしく目に見えるように書くのがコツです。

おばけと仲良くなったり、逆にこわがらせる話もアリ

もうひとつのよい作文の特徴は、個性的なことです。

おばけの話を書いても、ただこわがっているだけでは、おもしろさは感じません。あまりありふれていない感覚や体験が出てきてこそ、読んでいる人はおもしろく感じます。

たとえば、おばけはこわいだけではないはずです。

おもしろいおばけ、かわいいおばけもいるでしょう。

おばけにかわいらしさを感じている人もいるでしょう。中には本当にこわくて、いても立ってもいられない人もいるかもしれません。普通に逃げ出したりするだけではない人がほとんどのはずです。

少し人とちがうことを書こうと考えてみてはどうでしょう。

ただこわがっているだけでなく、おばけと仲良しになる話を書いてもいいでしょうし、逆におばけをこわがらせる話にしてもいいでしょう。あるいは、もっと個性的な話も考えられるはずです。

おもしろい作文を書くためには、少しひねくれて考える必要があります。

「これではありふれているから、もっとおもしろいことを考えよう」

「ほかの人が思いつかないようなおもしろいことを書いてやろう」

そんな気持ちが空想作文には大事です。それこそが、個性を出すことにつながります。

次の作文を読んでください。小学2年生の女子の書いた文章です。

おばけのぼうさん

和田優花（小2）

親せきの人が死んでしまいました。

おぼうさんがお経を唱えるお通夜の日です。

「なんむんなんむん。」
といい声がひびきわたります。
そのとき、おぼうさんが、せきをしました。
「こーこんこん。」といって。
おしょうさんがきて、おぼうさんのあたまをたたきました。
バシッ。
くるっとふりむいた、おぼうさん。
なんとひとつめでした。
これではみんなびっくり！
キャー。
みんな、さけびます。そして、死んだ人も……みんな出てきました！

ゆうれい！　一つ目小僧！　口さけ女！
なんとおばけやしきのようです。
みんな逃げて逃げてにげて……。

お化けが、追いかけて、追いかけて……。
みんながさけぶのです。
「キャー、怖い！」
みんなきぜつしてしまいました。
死んだ人もまた死にそうです。
みんな、「わーわー。」言っています。
子どもは「こわーい。」といっています。
おぼうさんは「みんなこわがりだなー。」なんていっています。ばかげている
おぼうさんになってしまいました。

小学2年生の作文ですから、稚拙なところはありますし、わかりにくいところもあるのですが、おばけが出てきた様子がいきいきと書かれています。

とくに、ぼうさんが咳をしたことから、おばけが出現していく様子がおもしろく描かれています。何よりもありきたりの感覚を書こうとしていないところが見事です。

「死んだ人もまた死にそうです」という文も、混乱状態をうまく描き出しています。

小学校低学年…いきいきとした会話がスゴイ！

お話自体は単調でも表現が豊か

小学校低学年の子どもに首尾一貫した空想作文を求めるべきではありません。

日常のちょっとした出来事がきっかけになって、**読んだことのある物語や見たことのあるアニメなどを思い出し、「もし、こんなことが起こったら」という空想が生まれれば、それで十分**です。

その場面をいきいきとした言葉で描くことができれば、言葉を操作してリアルな場面を作り出す力が養われます。同時に、書く楽しさを知ることにもなります。

次の作文は弟とけんかしてしまった小学2年生の男子のお話です。

たこやきのとりあい　　N・K（小2）

きのう、ぼくは弟とけんかをした。のこり一このたこやきをどっちが食べるかで……。

ぼくはたこやきが大すきだ。きのうのお昼にかぞく四人でたこやきを買いに行った。お店の人にたこやきを一こおまけしてもらったので九こ入り。みんなで二こずつ食べたら一このこった。

「のこりの一こはだれが食べる？」

とお母さんが聞くと

「食べる‼」

と、ぼくと弟が同時にさけんだ。

「じゃあ、半分こしようか。」

とぼくが弟に言ってみたのだけど

「やだ‼　ぜんぶんこがいい‼」

と弟がなきはじめた。これを言いはじめたら、弟はぜったいゆずってくれない。

いつもはぼくがあきらめて、弟に「いいよ。」って言ってしまうけど、大すきなたこやきだけはゆずりたくない!! ぼくはたこやきが入っているふくろをもってにげた。弟は後ろでギャーギャーないている。その泣き声を聞いていたらきゅうに弟にわるいことをしたなとかんじた。そして、弟は年下だからゆずってあげようかな、と思った。弟のところにもどって

「これあげるね。」

とわたそうとしたら、弟が

「いつもゆずってくれるから、お兄ちゃんが食べていいよ。」

と、言ってくれた。

ぼくと弟はなか直りした。そして、四つに分けてお父さんとお母さんと弟とぼくでなかよく食べた。いつも食べているたこやきよりずっとおいしいあじがした。

この作文は「空想作文」とは呼べないかもしれません。

しかし、**起こったことを思い出して再現するとき、とくにセリフを書くとき、意識**

はしていないにせよ過去を整理し、空想を交えているはずです。
空想を交えることで、文章が豊かになり、会話がいきいきしてきます。

小学校中学年…発想がスゴイ！ 浦島太郎が山に!?

昔話やアニメのパロディがおすすめ

小学校中学年になると、かなりまとまった空想ができるようになります。「笑い」を取ろうとしたり、皮肉を交えたり、読み手を感心させたりしようという工夫も生まれます。

そして、その場合、**他人のまねをすることによって空想作文の力をつけていきます。**おもしろい昔話や絵本やアニメなどが手本になって、そこから自分の世界を広げていくことになります。

その意味で、パロディを書くように促すと、もっともこの時期にふさわしい空想作文の入り口を開くことにつながります。上手に昔話やアニメのキャラクターを使ったり、それを修正したりして、手本を使ってそこにオリジナルな物語を加えることができるのです。

次の文章は、小学3年生の男子が書いた、浦島太郎をパロディにした作文の冒頭部分です。

山へ来た浦島太郎　　田山桂大（小3）

ぼくは浦島太郎。いつもは海にいるけど、今回は友だちの金太郎と交かんして山へきた。山の川でとれる魚もなかなかおいしい。他にもべんりなところはたくさんある。海は、太陽がいつもてりつけてあついし、水とうももっていかなければいけないけれど、山なら、木かげはすずしいし、川の水はしょっぱくないから水分もとれる。しかも、木かげで雨やどりもできる。本当にべんりだ。（以下省略）

浦島太郎といえば海です。それが私たちの常識です。

ところが浦島太郎が山にやってくるという常識をひっくり返したような着想が、この作文にすばらしいおもしろさを与えています。

しかも、この作文は浦島太郎と金太郎の二人主人公というような構成になっていて、非常に凝った構成です。

また、パロディといってもいろいろなものがあります。次の文章を読んでみてください。

おかしな桃太郎

山岳佑次郎（小3）

四月三日、ぼくはお父さんとお母さんの元に生まれた。けれど、お父さんが、「子供のいる生活は、いやだ」と言ってお父さんのきらいな、桃の中にぼくをいれてしまった。ぼくは、スーパーマーケットの売り物になってしまった。

その数日後。おばあさんが、ぼくのいる、スーパーマーケットに来た。おばあさんはぼくの入った桃を見つけて、

「うまそうな桃じゃぁ。」といって買った。おばあさんは家に帰って、

「うまそうな桃を買って来たど。」とおじいさんに言った。

「おう、そうか。さっそく食べてみっか。」

そして、桃を切ったそのしゅん間、中からぼくはぱっととび出た。（以下省略）

桃太郎の昔話を取り扱いながら、スーパーマーケットが出てくるなど、作文の内容がとても現代的です。

ブラックユーモアにもあふれていますが、全体的に軽い調子であるために、深刻になりません。昔話の桃太郎とはまったくちがった話が始まることを予感させて、先を読みたい気にさせます。

「ホームズの生まれ変わり」で見事に書き切る

次の文章は、自分がもしも「シャーロック・ホームズ」の生まれ変わりだったら、というもの。トリックも交えて発想が豊かです。

実はわたしはシャーロック・ホームズ

加藤実智穂（小3）

わたしはシャーロック・ホームズの生まれかわり。日本の女の子に生まれかわった。みんなにはひみつ。じけんを頭の中ですいりして、ひそかにかいけつするのがすき。

わたしは、練馬区の学校に通っている。たんにんは、吉本先生。わかい男の先生で、もうすぐけっこんするからしあわせそう。（中略）

校長室からひめいが聞こえてきた。わたしは校長室にかけこんだ。

「校長先生、どうかしたんですか。」

「ないのよわたしの指わが。プールのじゅぎょうを見学に行くとき、指わをはずして、つくえの上においたの。もどったらなくなっていたわ。あの指わはなき母の形見なのに。」

「校長先生、安心して下さい。わたしが指わをとりもどしますから。」

とりあえず、しいく係のしごとをするため、ニワトリ小屋へ行くことにした。

するとと、吉本先生が、ニワトリが生んだたまごをりょう手にかかえ、あわてた様子で小屋から出てきて、百メートル走でもしているかのようなはやさで走りさっていった。わたしにも気づいていないようだ。あれ、どうしたのかな。手の中のたまごの中に、きらっと光るものが見えた気がするな。もしかして。わたしは、真そうをたしかめるべく、教室にもどり、一人でさい点さぎょうをしていた吉本先生にたずねた。「吉本先生、校長先生が指わがなくなったと大へんショックをうけておられます。吉本先生は何かごぞんじではないですか。」

ぎゃくぎれされる……かもしれないので、きんちょうして聞いた。先生の目を真っすぐ、しんけんに見つめて、わたしは何もかも知っているんだと目でうったえかけた。

「あなたは見ていたんだね。ニワトリ小屋でのことを。」

やっぱり、吉本先生が指わをぬすんでいたんだ。（以下省略）

「シャーロック・ホームズ」シリーズは大人向けの作品であるといえます。

そういった難しい作品を選び、しかもおもしろい作文として仕上げるには、並外れたテクニックが必要だといえるでしょう。

この作文はそれを見事に達成しています。しっかりした推理が作文の中心となっていて、トリックも見事なアイデアで、大変ホームズらしい内容です。

この作文を書くためにホームズ作品を読みこんだという努力が、実を結びました。

小学校高学年…大人顔負けの時代小説や小論文も

語彙力が圧倒的についてくる

小学校の高学年になったら、すでに大人顔負けの空想作文を書くことができます。しっかりしたキャラクターを持った人物が登場し、凝ったストーリーや鮮やかなどんでん返しやうまい伏線が用意されている物語もしばしば見られます。原稿用紙で10枚、20枚、時には50枚を超すような本格的な短編小説を書く小学生も少なくありません。

ただし、そのような本格的なものを書けるのはほとんどが女の子です。

これは成長の差ですので、男のお子さんをお持ちの方は、女の子と同じようなものを書くまでには一般的に少し待つ必要がありそうです。

次の作文は、小学5年生の女子が書いた大作です。

アイデアがすばらしく、読む人の予想をいい意味で大きく裏切ります。

近江国風土記

持田彩花（小5）

ここは近江国。かつては緑と水の豊かな国であったが、ここ五年でその姿は跡形もなく消え失せてしまった。おかげで人々は飢えに苦しみ死んでいった。（あれ程豊かな我が国が、なぜこうなってしまったのだ。どんな方法でも解決せん。）一人考えを巡らせている大君《おおきみ》のもとに皇女《ひめみこ》がやってきた。

「父上、私がこの国を救います。さぁ、あの空を飛べる薬を下さい。」

「ならぬ！　お前のような子供に扱える薬ではない。一体どのようにして国を救うというつもりだ。」

皇女はまっすぐに大君を見て言った。

「以前父上が聞かせて下さいました、中秋の名月の伝説です。」

その伝説とは『中秋の名月の時にだけ高天原から月へ通じる道が開き、神々へ捧げる餅をつくために、神の使いの兎が月へやってくる。その兎が高天原の神々に代わって願いを叶えてくれる』というものだ。今日は中秋の名月。皇女は薬を使って月へ行こうというのだ。

「しかしそれは嘘か真かも分からぬ伝説にすぎぬ。そんなことでお前を危険にさらすことができると思うか！」

「伝説は、私達の祖先が真実だと信じたからこそ、語り継いできたものでしょう。伝説を信じることで、私達の生きる道しるべになるのですよ。」

その瞳は、万策尽きて民が死んでいくのをただみつめるしかないというこの状況を変えることが出来る、唯一の方法なのだと訴えていた。その強い眼差しが、大君の心を動かしたのだ。

真っ黒な空に餅のように真っ白で大きな月がぽっかりと浮かんでいる。どうか民の笑顔が戻りますようにと願いながら、皇女は薬を飲んだ。体がふくらみ軽くなったと感じた途端、風のような速さで上昇していった。空がだんだん暗くなり月が見えてきた。表面には所々に大小の穴が開いており、その一つで白兎が餅つきをしている。伝説は本当だったのだ！（以下省略）

発想を自由にふくらませながらも、「からだが空に浮かぶクスリを使う」という条件も忠実に守り、古典文学のパロディを完成させることに成功しています。このように、小学校高学年になると、かなり高度な文章を書く力が身についていきます。

次にご紹介するのは作文ではなく小論文です。本章の前半で紹介した「おばけのぼうさん」を書いた小学2年生の女子が5年生になって書いたものです。

子供が自分だけの部屋を持つのは良い事か

和田優花（小5）

子供が自分だけの部屋を持つのはよいことだろうか。

確かに自分一人の部屋だと家族とのコミュニケーションが取れなくなってしまう。

そのため親が生活面で必要な事が教えきれない。そうする事によって子供がしょう来社会に出た時に自分勝手な行動をしてしまうだろう。しかし私は子供が自分だけの部屋を持つのに賛成である。

自分だけの部屋を持つ事によって自分の居場所が作れる。例えば親とけんかをした時に自分の部屋に行って、冷静に何がいけないのかを反省し、改善しなければいけない事を考える事ができる。子供はそうする事によって心を成長させることができる。それを積み重ねていくと世間に認められて大人になれる。だから子供にとって自分の居場所は必要なのである。
　したがって私は子供が自分だけの部屋を持つのは良い事だと思う。

空想作文の練習を繰り返すと、小学生でも大人顔負けの論理的な文章が書けるようになります。それは空想作文によって、創造力が開花し、自分の考えや思いを表現する習慣が身についたからこそなのです。

第4章

「型」を使えば作文が劇的に変わる

冒険、魔法、SF…お題は自由

アイデアを出させる言葉がけ

さて、この章では実際に空想作文を書く方法をご説明していきたいと思います。

とは言っても、いきなり書かせるのは難しいものです。

子どもが書けずにいるのは、ほとんどの場合、アイデアが浮かばないためなのです。

まず、アイデアを出させてみましょう。

たとえば、「不思議な買い物」というお題を与え、不思議なものを何にするのか、アイデアを出させます。ありふれていてもかまいません。

アイデアが出てこないときには、「魔法の道具なんてどうかなあ？」「何かに変身する薬なんておもしろいかもよ」「アニメにこんなお話があったの覚えてる？」などとヒントをあげるのもいいでしょう。

そこでのポイントは、あくまでも押しつけないことです。

親はヒントを出すだけで、無理にある方向に進めるべきではありません。

子どもが何かアイデアを出したら、「それおもしろそうだねー」などと言ってほめます。

男女で興味の方向がちがう

題材を与えるうえで気をつけなければならないのは、男の子と女の子で、おもしろさの感覚がちがうということです。

作文を指導していて、間違いなく「性差」があることを感じます。

まず、男の子と女の子では、書くことについて関心が異なります。

小学生で作文を書くことを好む男の子はまれです。

やはり、男の子のほとんどがサッカーや野球などのスポーツに夢中です。ゲームや漫画を好む男の子もいますが、それも戦いの物語や冒険の物語が中心です。

空想作文にも、悪者をやっつけたり、宇宙旅行に行ったりといった話を書こうとします。

それに対して、女の子は文章を書くことを好みます。空想作文でも、すぐれた作品を書くのは多くが女の子です。

一般的に言って、少なくとも、小学校の頃、男の子は文章力という面では、女の子にかないません。

郵便はがき

恐れ入ります
が、切手をお
はりください

161-0033

東京都新宿区下落合 1-5-18-208
白藍塾　総合情報室
樋口裕一先生の
『ホップ・ステップ・ジャンプ・着地』の作文
「通信てんさく指導」資料請求SB係　行

女の子は男の子よりもずっと現実的です。

その中に淡い恋の物語が混じったり、こわい話や魔法の小道具が入ったりします。男の子のように想像力が宇宙戦争に及ぶことはほとんどありません。

男の子に空想作文を書かせようとするとき、無人島に到着して危険な動物と戦う話や、悪者と戦いながら宝物を見つける話、お姫様を悪者たちから助け出す話、世界を救うために宇宙人と戦う話を書くようにすすめると、喜んで書きます。

女の子は、ちょっとした恋の話や魔法の話、学校や身の回りで起こった怪談などを書くのが好きなようです。

犬や猫に「なりきる」のもいい

子どもたちはおもしろい空想をすると、それを人に話したくなります。書きたい気持ちになってきます。

そうなればしめたものです。自分から勝手に文章を書くようになります。そして、いつの間にかさまざまな力をつけるのです。

では、どんな題材にすると、子どもたちは飛びつくのでしょう。

空想作文の入門として最適なのが、「なりきり作文」です。

もっとも書きやすいのは、犬や猫などの普段接することの多い動物になりきって、その気持ちで作文を書くように促すことです。

「じゃあ、うちで飼っているポチがどう思っているか教えて」などと言うと、子どもはスラスラ書き出します。


「ぼくは犬です。山田さんの家に飼われています」というふうに始め、犬がどんな気持ちでいるか、どんなときに喜び、どんなときに悲しんでいるかを想像させてみます。

ペットのほか、野生の鳥やジャングルの動物になりきるのもいいでしょう。

普通の日記より断然楽しい「うそ日記」

学校で絵日記や日記を書くようにすすめられることが多いと思います。

しかし、毎日、書きたくなるような出来事があるとは限りません。それなのに無理やり書かせるのは酷です。私は**作文は自分から楽しんで書くべき**だと思っています。書くことを嫌いにさせるべきではありません。

そこで私がすすめるのはうそ日記です。日々の空想を書きます。次のような文章です。

> 学校からの帰り道で真っ赤なリボンをみつけました。リボンをふってみました。するとと、とつぜん、ばしょが広間にかわりました。おおぜいの男女がダンスをおどっていました。きゅうでんのぶとうかいです。
> 「わたしもいっしょにおどりたいなあ」
> そうおもって、ついリボンをふってしまいました。
> そしたら、また学校の帰り道にもどっていました。

普段意識したことのない、小さなすき間。そこから始まる不思議な世界……。身近に思える状況設定から、読み手を一気に引きこみます。

魔法を使えたり、未来に行ったり、不思議なものを発見したり……といったことを書くのです。

いずれにせよ、よい作文を書けるかどうかは題材がとても重要です。お子さんが楽しんで書ける題材を一緒に探してみてください。

なかなか書き出せない子にはこの方法で

「あなたが○○だったらどうする？」

「空想作文」を書けるようになるためには、まずストーリーに慣れることが大事です。

空想作文は言わば、子どもの書く「物語」です。

ですから、まず大人の書いた物語を参考にしてもらいます。


子どもたちはもちろん絵本や物語を読んできたはずです。

しかし、これまでは単に受信するだけ、受け取るだけだったでしょう。これから空想作文を書くにあたっては、もう少しストーリーに参加してもらうことにしましょう。

それが空想力を養って空想作文を書く第一歩です。

私が塾長をつとめる白藍塾でも、**低学年の子どもたちには、まずはオリジナルのストーリーを読んでもらい、それに答える形で文章をまとめ、徐々に空想を高めて物語をつくっていく**ように指導しています。

たとえば、「桃太郎」のお話を例にとりましょう。

言うまでもなく、桃から生まれておじいさん、おばあさんに育てられた桃太郎が、きび団子を与えることで犬と猿とキジを家来にして鬼を退治する話です。

この物語を話して聞かせながら、

「桃の中から子どもが出てきたとき、おじいさんとおばあさんはどう思っただろうね？」

「あなただったら、キジを家来にする？　キジ以外に家来にしたい動物はいない？」

「鬼を退治するのに、ほかに何か持っていくといいものないかなあ」

「この後、鬼は何をするんだろうね」

などと質問します。

こうすることによってストーリーの世界に参加し、登場人物や作者と一緒になって物事を考えるのです。まさしく創作者の立場に立つのです。

子どもに読んで聞かせる物語、子どもと一緒に見ているアニメなどでこのような質問をしてみます。これがあれこれ空想をして、物語を作る第一歩になります。

桃太郎ならぬ「柿太郎」

私の息子が最初に書いた空想作文は「柿太郎」の物語でした。小学3年生頃だったと思います。登場人物が少し異なるだけで、「桃太郎」とそっくりの物語です。

しかし、本人は喜んで、いかにも楽しそうに書きました。

そして、もちろん、私はその力作をほめました。そうこうするうち、息子は自分なりの空想をするようになり、だんだんと文章を書くことが得意になっていったのでした。

独自のものの第一歩は人まねです。

まずは、まねで少しもかまわないことを、親も子ども自身も頭においておくべきです。

ストーリーを作るうえではじめのうち、他人の作品を参考にするのは、ある意味で当然のことです。どんな大作家も、出発点はそのようにしてストーリーを作ったはずです。

お子さんがストーリーに困っているとき、これまでお子さんが見ていたアニメのストーリーを思い出させてください。

少し無理があっても、とりあえずはかまいません。

最後まで書き上げて、本人が書く楽しみを感じ、達成感を感じることが大事なのです。それを繰り返すうちに必ず想像力が増していき、上手にストーリーを作るようになります。

言わせてから「今の話、書いてみて」

子どもに物語について質問し、子どもが質問に答えます。そして、口で答えるだけでなく、文章に書かせてみます。それが大事なのです。

子どもの答えがおもしろかったとき、「すごくおもしろいよ。忘れないようにノートに書いておこうよ」「お父さんに後で見せようよ」などとほめます。

とくによい文章にする必要はありません。

ただ、文法的に正しい、わかりやすい文章にするようにすすめます。

国語の時間のように、あれこれと文体について厳しく注意する必要はありませんが、誤字があったり、文法的な誤りがあったときだけ軽く確認するようにしましょう。

ともあれ、書くこと、楽しんで書くことが大事です。

質問をして答えた後、とてもおもしろいとほめ、それを文章にした後もほめます。そうすることで、子どもは書くことに楽しさを感じるようになります。

小さいうちは絵と一緒にお話を作ることも

次のページの絵と文は、幼稚園年長の男の子がはじめて書いた物語です。

「むかしようかいのまつりがありました　そのこわいこと　こわいこと　そのひとびとはいつもねていたんだ　そしてあるときひとりのいえにあかりがあった　そっとあけようとしたとき　あけたどあにめだまがいっぱいあった」という物語が、妖怪たちの絵に囲まれて書かれています。

「ようかいのまつり」とは百鬼夜行のことだそうです。大好きな妖怪の物語に触発されて想像が広がったのでしょう。

幼児の書く文章ですから、もちろん稚拙です。しかし、たくさんのこわい妖怪たちが集まっている様子は伝わってきます。楽しんで書いていることもわかります。

小学校に通う前のお子さんに無理やり作文を書かせる必要はありませんが、このお

子さんのように、時に自発的に書くことがあります。

そのような機会を大事にしましょう。

作文好きになるためには、人に読んでもらう必要があります。何人もの人が読んで、「おもしろい」と言ってくれてこそ、作文をもっと書こうという気持ちになります。

読者を獲得した作家が次の作品を書く意欲がわいてくるのと同じことです。

子どもの作文の最初の読者は、ほとんどの場合、お母さんでしょう。

お母さんの感想は、子どもの意欲に大

きく影響します。お母さんがおもしろいと言ってくれたら、それだけでも子どもは満足なほどなのです。

そうこうするうちに、子どもは最初の読者である母親をおもしろがらせようとして作文を書くようになります。これはとてもいいことです。

読者を想定し、読者をおもしろがらせようとするのですから、まさしく作家の始まりです。

原稿用紙の使い方

さて、では実際に原稿用紙を使って書かせてみましょう。

原稿用紙には書き方のルールがあります。

学校によって指導が異なる場合もありますが、次のページに挙げているものが使い方の原則です。

まずはこのきまりにのっとって書くことから作文の勉強が始まります。

【原稿用紙の使い方】

・1マスに1字書く。句読点「。」「、」やカギカッコなどの記号も1マス使う。

・文章の書き出しは1マスあける。

・段落を変えたときも1マスあけて書き始める。

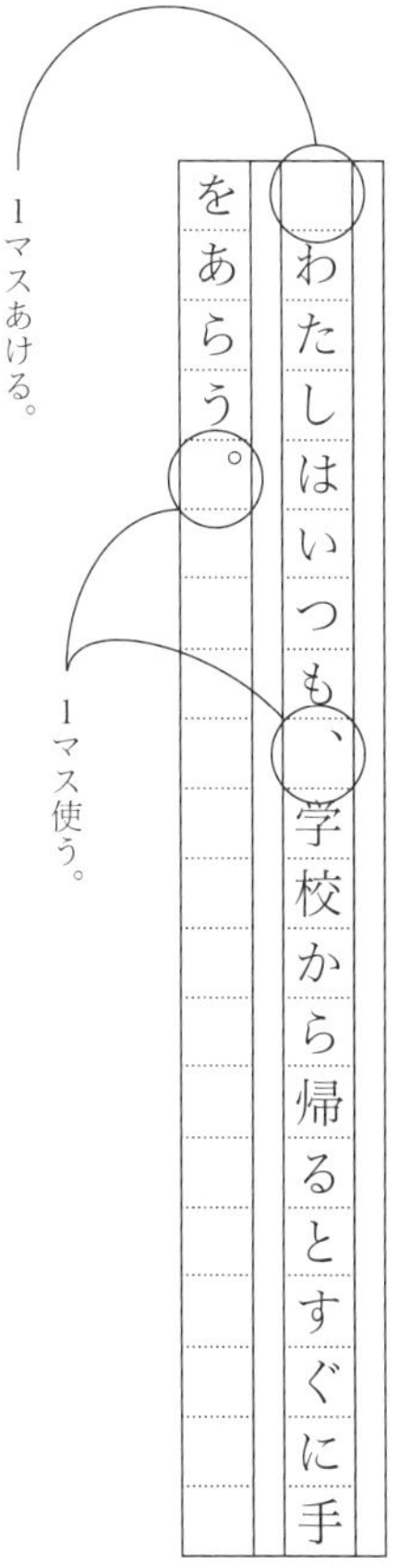

・会話は行を変えて、一番上から書き始める。

・会話の終わりは、句読点と閉じカッコを1マスに入れる。

「あしたおばあちゃんが家に来るんだ。ひさ
しぶりに会えるからうれしい。」

会話文はいちばん上から。

1マスに入れる。

・行の最初に句読点や閉じカッコがくるときは、前の行のマス目の下に書く。
（「前の行の最後の文字と同じマスに入れて書く」と指導される場合もある）

去年の冬休みは北海道の旭山動物園に行き
ました。しろくまを見に、また行きたいです。

マス目の下に書く。

「ホップ、ステップ、ジャンプ、着地」で何でも書ける！

文章上手な子は「型」を知っている

さて、本格的な空想作文を書くにあたって、まず考えてほしいのは「構成」です。起承転結という言葉があります。文章の構成法として昔から伝えられてきました。この構成法は今でも通用します。ほとんどの文章、ほとんどの物語がこのような作りになっています。

しかし、起承転結といっても、子どもたちには伝わりにくいでしょう。私は、子どもにわかるように、三段跳びになぞらえて、「ホップ、ステップ、ジャンプ、着地」と言い換えています。

文章を書くときには、この「型」を応用するとうまくいきます。

文章がうまくいかないとき、盛り上がらないとき、おもしろくならないとき、話がうまくまとまらないとき、この「ホップ、ステップ、ジャンプ、着地」の構成がうまくいっていないのです。

【第一部（ホップ）】お話の発端です。これからお話ししようとしていることの始まりを書きます。

【第二部（ステップ）】話の続きの部分です。ただし、ここではまだ大事件は起こりません。それが起こる前の様子を描きます。

【第三部（ジャンプ）】ここで、事件を起こします。この部分はできるだけ具体的に、おもしろく書いてください。ここで、しっかりとおもしろさと個性をアピールします。ここは長めに書いて、全体の40％くらいが適当でしょう。

【第四部（着地）】事件が解決します。オチがあると、いっそうおもしろくなります。

次の文章を読んでみてください。

ホップ

ふしぎな買い物

N・Y（小5）

ある日、僕は母親に頼まれて、八百屋で買い物をしてくることになった。外に出たら、太陽が雲に隠れていて、北風が強くなってきた。買ってくる物を忘れないように、今日買う、大根・人参・しいたけを口で唱えながら行った。

ステップ

しばらく歩いたら八百屋についた。しかし、大根・人参・しいたけだけがちょうど売り切れていた。それなので違う八百屋に行くことにした。しかし、すぐ近くにあるはずのもう一けんの八百屋にいくら歩いてもつかない。僕はつかれたので、休けいをした。すると、急に目の前に八百屋が現れた。何か怪しいと思いながらも入ってみた。中では、大根・人参・しいたけだけが売られていた。それを店の店主とおもわれる男の人に渡して会計をすませた。

家へ急いで歩いていったのに、家が全く見えてこない。周囲を見まわすといつのまにか山道だった。あわててひきかえそうとすると、後ろの道がふさがれていた。びっくりして前を見ると、いつのまにか不気味な家が現れていた。その家のとびらをノックすると、

「入ってどうぞ。」

と、不気味な声がした。中に入ってみると、さっきの八百屋の店主がいた。

「さきほどはありがとうございました。」

と、お礼をすると、

「待っていたよ。」

とまた不気味な声で言った。僕は少し後ずさりして、逃げようとした。だが、後ろから何者かにおさえられた。後ろを振りかえると、なんと山姥におさえつけられていた。そして、その山姥が僕にむかって、

「今日の妖怪パーティーで食べるのだからおとなしくしていろ。」

と、言われた。僕は恐怖のあまり腰を抜かしてしまった。その後僕はろう屋のような場所にいれられた。ろう屋の中には幸いなことに包丁があった。それからすぐ、僕はろう屋の鉄ごうしを切りにげだした。しかし、五分もしないうちにつかまり、また家につれていかれた。

着地

そのとき、

「もう朝よー。」

と、母親の声がした。これまでのことは夢だったのだ。

ほっとして横を見ると、大根・人参・しいたけがあった。


「ホップ、ステップ、ジャンプ、着地」がうまくまとまった文章ですね。

大根・人参・しいたけといえば、日常によく見かける、どちらかというとのほほんとした野菜です。

それが予想もつかない展開になる、大事な役割を果たしています。話の内容に加えて、このような小道具の活かし方もお話をおもしろくさせるのですね。

よかった……夢だったのか、と読む人を一度安心させておき、でも実は……。終わりまでひきつけて、こわさを存分に感じさせる作品になりました。

しばりがあるから自由に書ける

しばしば、「自由に書くべきだ」という人がいます。ところが、子どもに向かって、**「自由に書きなさい」と指示すると、むしろ意外に書けない**ものです。子どもたちは、どう書いていいかわからずに途方に暮れてしまいます。

そして、みんなが同じような話を書いてしまいます。

たとえば、「不思議な買い物」というタイトルを与えると、お店でこれまで見たことのないものを買っただけの話になってしまい、みんな似たりよったりになります。

それよりは、まず題材を与えます。

そして、「ホップの部分は、不思議なものをみつける場面、ステップでは、不思議なものを手に入れる場面、ジャンプで不思議なもののために大事件が起こる場面、着地で解決する場面を書くように」と指示すると、不思議な薬だったり、不思議な絵だったり、不思議な笛だったり、不思議な服だったりと、さまざまなアイデアが出てきます。

このように、ある程度の制限があって、何らかのヒントを得てこそ、人間の想像力は働き、独創性が発揮されるのです。

人気アニメは四部構成

「ドラえもん」は漫画もアニメもまったく人気が衰えることがありません。

作者の藤子・F・不二雄さんが亡くなって20年近くがたちますが、今もアニメの放送が続いています。なぜ、あれほど長く連載され、あれほど次々と独創的なアイデアが生まれてきたのでしょう。

ひとつには、「型」があったからだと私は考えています。

「ドラえもん」の多くの回が同じようなパターンです。そして、それはまさに「ホップ、ステップ、ジャンプ、着地」です。

のび太はジャイアンにいじめられ、それが悔しくてドラえもんに不思議な道具を出してもらいます。ここまでがホップです。ステップでは、のび太は普通に道具を使います。

次がジャンプです。のび太は、ついしてはならない使い方をしてしまいます。そのために大混乱が起こります。そうして、最後、どうにか解決される場面が着地です。

「ドラえもん」ばかりではありません。子どもたちが楽しんでいるアニメや漫画は、ほとんど同じような型でできています。

もっともわかりやすいのは一話完結型のアニメです。ほとんどの場合、主人公がふとしたことから事件に出会うところから始まります。

次に、事件が展開し、ジャンプの部分で事件が大展開しておもしろくなります。そして、最後に解決します。

アニメを親子で見ながら、少しこの型を意識してみてはどうでしょう。自分が空想

ホップ
ステップ
ツンツン
ジャンプ
着地
そ〜…

作文を書くときの役に立つと思います。

家族で「つぎたし話」をしよう

親が子どもとともにストーリーを考えるとき、私がすすめているのは、「つぎたし話」です。

先ほど、空想作文の型として、「ホップ、ステップ、ジャンプ、着地」を説明しました。そのそれぞれの部分を数人で話して、つぎたしていきます。

四人そろえば理想的です。お父さんやお母さん、きょうだいの方が一緒に、一人がホップを話し、次の人がステップを、その次の人がジャンプを、そして最後の人が着地を話すようにするのです。

もし、四人いなかったら、一人がホップと着地の二つを話すのでもいいでしょう。そして、少し慣れてきたら、役割を交代して話を考えてみます。

そんなに長い話でなくていいでしょう。

たとえば、ホップは「商店街を歩いていたら、不思議なお店を見つけました。そのお店には……」というように話を進めていきます。長さは自由です。場合によっては、少し長く語ってもかまいません。しかし、あまり踏みこまず、まずは話の発端で終わりにします。

その後、ステップの担当の人にバトンタッチです。その人が、「そのお店で、不思議な箱を買いました。家に帰って開けてみると……」と話を続けます。

ジャンプを受け持つ人が、そこから出てきた何かが事件を起こすことを語ります。そして、最後、着地を受け持つ人が、その話をまとめます。

次の人のことを考えないで、思い思いに話を広げることになりますので、まとまった話にならないことも多いはずです。思いもよらない展開になっていきますが、それでいいのです。話は別につじつまが合わなくてかまいません。ともあれ、話を物語る楽しみを味わうことができます。

もし、うまいストーリーができたら、それを空想作文にまとめてみることをすすめます。

ありきたりな作文が秀逸な作文になるコツ

その他大勢から抜け出る作文とは？

空想作文を書いても、あまりおもしろい空想をできない子どもがいます。これまで何度も読んだり見たりしてきたものを、そのまま繰り返すだけで終わってしまう子どももいます。おもしろい発想ができず、他人と同じようなことを考えるだけの子どももいます。

もちろん、だからといって能力が劣っているわけではないのですが、やはり将来的に想像力は大事です。

人とちがったおもしろい発想をする人間はこれからますます求められるでしょう。これを機会にその力を高めてはどうでしょう。

この項では、少しだけ高度なテクニックを解説します。これを参考にして、おもしろい作文を完成させてください。

ポイントは「予想を裏切る展開」

おもしろいアイデアを出すにはいくつかのコツがあります。お子さんが迷っているような場合、次の方法をアドバイスしてみてください。

①　先を知りたくなるような不思議な設定にする

まず大事なのは、はじめの設定です。

うまい設定にしないと、先が続きません。書いている人間も読んでいる人間も、空想のスイッチを入れるような設定が必要です。

先ほどあげたような設定ですが、うまくいかないときは大人が少しヒントを示すのもいいでしょう。また、おもしろい童話やショートショートをヒントにするのもいいですね。

（例）

学校に行ってみると、おおぜいのひとがあつまっています。

さっちゃんがいたので、きいてみました。するとさっちゃんはこたえました。

「ほら、あのはり紙を見てよ」

さっちゃんがゆびでさしたほうをみたら、校門に大きなはり紙がありました。

「ほんじつのしょうご、わたしはまほうの力でこのがっこうをけす　まほうつかいより」

② **登場人物**

空想物語にするには登場人物が必要です。短い話でしたら、登場人物は一人でも成り立ちますが、一人だとどうしても限界があります。話が一人の中で完結して、話が動きません。二人か三人の人物が必要です。ただし、字数が多くありませんので、あまり登場人物が多くなってしまうと、整理できなくなってしまいます。

知り合いに何かをもらった、友だちと何かをした、未知の人と出会った……という状況を作る必要があります。

③　予想を裏切る展開

話をおもしろくする最大のコツ、それは予想を裏切る展開にすることです。誰もが予想することとは逆のことが起こるように考えるのです。

登場人物ががっかりしそうなときに、むしろ元気になったり、突然現れた人が悪い人ではないかと読み手が想像しているときに、実はいい人だったり。そのように、大事な局面で普通と異なることを起こすのです。そうすると、意外な展開になって、読んでいる人は興味を覚えます。

（例）

「なんだよ、お前。お前のせいで負けたんだよ。反省しろよ」

ぼくはみんなが思っていることをはっきり言いました。みんなは気をつかって、「気にするなよ。だれでもしっぱいするんだからさ」なんて言っていたけれど、ほんとうはしょうたのせいでサッカーのしあいに負けたとみんなが思っていたからです。

しょうたはおこって言いかえすと思っていました。すると、うれしそうに言いました。

「ありがとう。本当のことを言ってくれたの、お前だけだよ。みんな、友だちらしくないよ。これからもっと練習して、今度はがんばるよ。いっしょに練習してくれよ」

④ キャラクターを作る

話を動かし、おもしろくするコツは、**登場人物のキャラクターを少し極端にする**ことです。ひどいおっちょこちょい、ひどい臆病者、すごい動物好き、スポーツ万能の子ども、極端なきれい好き、極端な虫嫌い、極端な大食いなどを出すだけですぐにストーリーが動き出します。

友だちと二人で行動し、一人が大食いの男の子、もう一人が動物好きの女の子だったりすると、何かを拾っても、魔法を使えても、いろいろなことが起こりそうです。

⑤ ありそうな細部にする

先ほど書いた通り、読む人が予想するのとは逆のことを起こすのが、おもしろい空想作文にするコツですが、気をつける必要があります。

あまりに予想を裏切るようなことをすると、本当らしくなくなることがあります。

登場人物がありそうもない行動を次々と行ったり、偶然が重なったり、何も必然性のない行動をとったりすると、読んでいる人は、その作文にリアリティを感じなくなるのです。

もっとも難しいのは、予想を裏切るよ

うなありきたりではない話を作りながら、読んでいる人には「ありそう」と思わせることなのです。

ただし、これに関してはすぐに上手に書くのは難しいので、何度か練習をして、だんだんとコツを身につけていくようにしましょう。

(例)

「あのお……。」

うしろから女の人の声が聞こえた。見ると、暗やみの中に白い服を着たぼんやりとした人かげがあった。

「わたし、ゆうれいなんですけど、道に迷っちゃって……。」

わたしはぎょっとした。まさかゆうれいにあうなんて。でも、見ると、たしかに足がない。ゆうれいには足がないときいていたけどほんとうだ。白いブラウスを着ているが、半分とうめいで、うしろの電柱がすけて見える。絵本に出てくるように両手をむねの前でたらし、「うらめしや……。」という形にしている。

「悪」を描くと一気に魅力的な文章に

空想作文のいいところ、それは学校の作文とちがって、道徳的なことを書かなくてもいいことです。

学校の作文では道徳心を書くことを期待されている面もあります。作文は国語の力を伸ばすことをめざす以上に、「やさしい心を持つ」という心の教育のためのものとして位置づけられているからです。

しかし、人間は心の奥に悪い心を持っています。人をうらやんだり、悪く思ったり、自分の力を他人に見せつけたい心などです。

物語にはさまざまな「悪者」が出てきます。悪者は独特の魅力を放ちます。悪者がいるからこそ物語はおもしろくなり、人をひきつけます。

童話でも、赤ずきんちゃんのオオカミ、白雪姫のお妃、シンデレラの継母、さまざまな物語の魔女や魔王など古今東西には悪漢の英雄も大勢います。なぜ、人々はそのような登場人物にひきつけられるのでしょう。

なぜなら、一人ひとりの心の中に悪い心があるからです。悪者の行動によって、読み手は自分の悪の心を満足させます。

時には、悪漢の残酷であったり、意地悪であったり、暴力的であったりする行動にぞくぞくする喜びを感じて、ある意味でのストレス解消をしているのです。

だからと言って、悪をほめたたえたり、悪いことをした人間がそのまま幸せになったのでは、読んでいるほうも納得できません。

悪者が登場しても、最後には正義が勝つべきでしょう。そうしてこそ、読者は共感します。しかし、そうしながら、読者は人間の心の中の悪、自分の心の中の悪に気づくのです。

自分の中の悪い心を見出すのは大事なことです。

悪の心が自分の中にあることを知ってこそ、人は人生を知ることができます。自分の悪を自覚してこそ、他人にやさしくなれます。

それを小学生のうちから知っても、決して早くはありません。

「出だし」を少し変えるだけで引きこまれる

会話にしたり、ほのめかしたり

もちろん、文章は書き出しだけでなく、全体が大きな意味を持ちます。

しかし、**出だしがうまくいけば、その後もずっと調子に乗る**ということが往々にしてあります。そこで、まずは上手な書き出しを紹介しましょう。

① 会話で始める

会話から始めます。こうすることによって、読み手を一気にストーリーの中に入りこませることができます。読み手に興味を持たせて先を読みたい気にさせたら、しめたものです。

（例）

「なんだか、いつもとちがうなあ。」

ぼくは、家に帰るとすぐに、そう思った。

② **動きのある行為から始める**

動きのある文章だと、読み手はリアルさを感じます。「木の向こうに鳥がいた」と言っても読み手はイメージできませんが、「鳥が木から降りて、こちらのほうに向かってきた」と書くと、とたんにリアルにイメージできます。


（例）

ボールが目の前をとんでかべにあたってぽんぽんぽんと転がった。ボールがやってきたほうから、中学生らしい人が三人、走ってきた。

③ **不思議な場面から始める**

不思議な状況を示して、読み手の興味を引きます。普通に考えたらありえないようなこと、いったいどうしたのか不思議に思うことを書きます。

(例)
ぼくは確かに家で寝たはずだった。ベッドに入ったときのことはよく覚えている。ところが、目を覚ますと、知らないところにいた。知らないベッド、知らない天井。遠くから海の波のような音が聞こえる。

④ほのめかしをする

これから起こることをほのめかします。どんなに大変なことが起こるのか、どんなにおそろしいことになるのかを予告するわけです。

(例)
これから書くことは、世にもおそろしいことです。それを今からお話しようとするだけで、ついふるえそうになります。

⑤ もっとも正統的な書き出しにする

これまで紹介した凝った書き出しではなく、ごく当たり前に始めることもできます。ほかに思いつかないときには、これでもかまいません。

（例）
あるはげしい雨が降った日のことでした。私は、学校からかさをさして帰っていました。

「オチ」のつけ方にはパターンがある

ちょっと笑いが出るような終わり

「着地」の場面では、物事が解決します。基本的には、そこで平和に戻ったり、目的を達したり、主人公が元気を取り戻したりして、「めでたしめでたし」で終わります。

もちろん、それでいいのですが、「オチ」をつけるのもうまい方法です。

「オチ」とは、漫才で言えば、相手が「なんでやねん」と切り返してくるタイプの「着地」だと思ってください。めでたしめでたしではなく、ちょっと笑いが出るような出来事です。

① 最高にいいことが起こった

もっともめでたいオチは、予想以上のめでたさになることです。冒険が終わった後、何かが明らかになって、宝物が手に入ったり、実は助けた相手が王子様だったとわかったりします。

② 元に戻った

オチの中で一般的なのは、「最後には、元に戻って、何もいいことはなかった」というものです。苦労して危険を乗り越えたものの、実は何の役にも立っていなかったことが最後に明らかになります。解決したつもりでいたのに、また同じことが起こってしまったというタイプもあります。一言でそれをわからせると、効き目が絶大です。

③ 実は勘違いだった

これまでのすべての冒険が、実は勘違いに基づいていたことが、最後に明らかになるというタイプのオチです。

次は、小学3年生の男子が書いた作文です。

ヒグマのプーさん

浅井輝（小3）

ここは、金太ろう動ぶつ園。一番の人気者は、くまのプーさんです。プーさんは、全しん黄色で赤い色のTシャツをきています。毎日、子どもたちは、しゃしんをとるからハチミツを食べてと、何ども言います。プーさんをたくさんの人が見に来ますがうれしそうではありません。

ぎん太ろうは、園長のむす子です。動ぶつと話ができるふしぎな力をもっています。お父さんの手つだいがおわったので、さい近元気のないプーさんを見にいきました。すると、プーさんがないていました。どうしたのか聞いてみると

「肉が食べたいんだよぉ。もう力がでない。ぼくは、肉がすきなんだぁ。」

かわいそうに思ったぎん太ろうは、

「れいぞうこにライオン用の肉があったはず。お父さんにばれないようにとってきてあげるよ。」

いそいでとってきてプーさんにわたすと、むがむ中で食べました。食べおわると、

「園長が、プーさんは肉を食べるとイメージに合わないからとはちみつしか食べさせてくれない。だから、肉がに合うくまにもどりたい。」

とプーさんはさらになきました。

夜おそくみんながねむったころ、バケツとシャンプーをもってプーさんのおりに入っていきました。

「ぼくにまかせて。」

と言ってあらいはじめました。プーさんにシャンプーをたくさんつけて、こすってあげると、まるで、くもの中にいるようでした。水を頭からバシャーとかけると、目の前には黒いくまがたっていました。

「やっと、ヒグマにもどれた。」

朝、園長がはちみつをもってやってくると、目の前に黒いくまがいました。

「ななな、なんてこった。」

子どもがくまを見にかけよってきました。

「あのくまかっこいいー。」

「つよそー。」

としゃしんをとりはじめました。

くまがとくい気に大声で、ガオゥーとほえて、ぎん太ろうがなげこんだ肉をムシャムシャ食べました。園長はこれが本当のすがただなと思い、れいぞうこに肉がのこっているのを思い出し、とりにむかいました。


プーさんと言えば、みなさんの頭の中にもはっきりとイメージが浮かぶでしょう。そのプーさんが本当は真っ黒なヒグマだったとしたら……という着想からスタートしていると思いますが、なかなか思いつけるものではありません。

ユーモアたっぷりに描きつつも、「人間が動物を自分の思い通りにする」という人間の傲慢さを読み手に考えさせる、深いテーマ性も備えています。

ここまで秀逸なオチもなかなか思いつかないと思いますが、先に挙げたパターンを活用しながら、少しずつ練習してみてください。

「夢オチ」はできるだけ避けたい

オチにはいくつかの種類がありますが、ただひとつ注意しておきたいのが、「夢オチ」です。低学年ではじめて空想作文を書くときにはそれでもいいのですが、少し慣れてきたら、できれば避けたいものです。

夢オチというのは、いろいろなことを書いた後、最後に「実はすべて夢だった」というタイプの話です。

子どもたちに自由に書いてもらうと、夢オチにする作文にかなり出合います。しかし、これではあまりに安易です。やはり、夢オチにしないで、もう少しつじつまの合う着地を考えてほしいものです。

ここに挙げたもののほかにも、いくつものおもしろいオチがあります。物語をたくさん読んで、うまくまねるように促してください。

第5章

書く楽しさに目覚めさせる家庭の習慣

毎日の会話から空想力を鍛える

親の体験談から「ネタ」を増やす

「書きたい」という直接的な気持ちを作り出す前に、物語や空想に関心を持つような雰囲気を作っておく必要があります。

小学校低学年までの子どもの場合は、まず絵本を利用するとよいでしょう。

たとえば、絵本を読み聞かせた後、感想を言い合います。最初に、子どもに感想を聞いてみましょう。

「つまらなかった」「おもしろかった」という漠然とした答えが返ってくるかもしれません。

そこから、「どこがおもしろかった？」「どこがつまらなかった？」「もっと、どんなふうになったら、おもしろかっただろうね」などと話を向けます。**感想を言い合うことで、物語のおもしろさを教えたり、子どもの好むタイプを把握します。そうやって、子どもの好む物語を聞かせることができるようになる**のです。

アニメなどテレビで見たこと以外で、子どもにとってストーリーの題材になるのが、親の話です。

自分が子どもだった頃の出来事、自分のこれまで経験したことなどを話して聞かせるのは、子どもにストーリーの題材を与えることにもつながります。

親の話を聞くことで、子どもたちは疑似体験を増やしていきます。親子のコミュニケーションにもなり、「ネタ」を増やすことにもなり、作文力、国語力をつけることにもなります。

もちろん大人特有の問題を子どもに話して聞かせるのは、時に好ましくないこともありますが、それ以外でしたら、どしどし話をするべきです。

「犯人は誰だと思う?」

また、テレビドラマを活用するのもひとつの方法です。これからドラマはどうなるか、主人公はこれからどうするか。そのようなことを推測させるのも、空想力を育てるうまい方法です。

「犯人は誰だと思う?」「この後、この人はどうすると思う?」「きっと、この男の人はあの女の人を好きになると思うなあ」

そんなふうに話を持ちかけて、ドラマを予測させてください。

お子さんと当てっこをするのもいいで

しょう。予測することによって、ドラマに参加できます。よけいに楽しむことができますし、空想力を鍛えることにもつながります。

前にも書いたように、お母さんは子どもにとって世界の半分を占めているといっていいぐらい、大きな存在です。

ですから、**お子さんの話したこと、お子さんのしたことに対して、お母さんがウケてみせるのが一番**です。

お母さんがせっかくの子どもの話に耳を傾けなかったり、「そんなのつまらない」といったりすると、子どもはやる気を失います。

お母さんがウケたということは、視聴率50％をとったと同じ意味を持ちます。ですから、話をするとき、お子さんの話を楽しそうに聞いて、それがおもしろいことを十分に示すことが大事です。

「心が動く」チャンスをたくさんつくる

動物園、水族館…いろんな場所に連れて行こう！

子どもが作文を書きたい気持ちになるのは、何かに感動したときです。

感動すると、たとえ周囲がとめようとしても、必死に人に伝えようとするものです。

ですから、作文を書かせたいと思ったら、多くの感動を与えることが大事です。

動物園、水族館、スポーツイベント、恐竜展などにぜひ連れていってください。

ぜひ、海や山へのハイキング、旅行にも連れていきましょう。

また、普段から短時間でかまいませんので、**ニュース番組などの報道番組を見る**ようにしましょう。

ニュースを見ながら、ちょっとしたコメントを言います。「外国はテロが多くて、大変だね」「今年は暖冬になりそうだね」などということでもかまいません。それが子どもたちの好奇心をもたらすことになります。

子どもが関心を持っていなくても、お母さんが独り言を言ったり、家族の方と話すのでもいいでしょう。**家族全体で社会に関心を持っている様子を知らせます。**

そうすれば、子どもは必ず、近いうちにニュースに接するようになります。

そして、作文の内容の視野が広がり、もっとおもしろい内容になります。

子ども新聞で社会に関心を持つように

最近では新聞を定期購読していない家庭も多いようですが、子どもの教育のためには、新聞を購読するのは大事なことです。とはいえ、もちろん高校生以前に大人の新聞を読むのは、知識的にも語彙的に難しいでしょう。

したがって、より好ましいのは、小学生新聞、中学生新聞を購読することです。

大手新聞社からこれらの新聞が販売されています。

朝日小学生新聞、読売ＫＯＤＯＭＯ新聞、毎日小学生新聞など、それぞれに特徴がある新聞ですので、試読されてみてもいいでしょう。

新聞を読み続けるのはなかなか難しいことですが、小学生にも興味が持てるような楽しいコーナーや学校での学習につながるコーナーもあります。

通常の新聞なら、紙面を見ながら、子どもが興味を持ちそうなことを話しかけてみてください。

「へえ、もう桜が咲いたんだって」「台風が来ているらしいよ」「近くで殺人事件が起こったんだって」というようなものでもいいでしょう。

そして、少し記事の中身をかいつまんで話して聞かせたり、場合によっては、部分的に子どもに記事を読ませるのもいいでしょう。

投書欄も子どもには大事な部分です。投書欄には時々子どもの意見が載ることがあります。「今日は新聞に小学生の意見が出ているよ。ちょっと読んでみない？」などと言って読むように促します。そして、それについての意見を聞いてみます。

書いているのが同年代であれば、遠慮なく意見が言えるはずです。

場合によっては、新聞に出ている意見に反対のこともあると思います。そのような場合には、意見を書いて投書してみることをすすめます。小学生が意見を書いたとなれば、とりわけ地方新聞などでしたら、採用される確率が高いはずです。

自分の書いた文章が新聞に載ると自信につながります。ますます新聞を読むようになり、社会に関心を広げるようになり、作文・小論文に力が入ります。

まずは絵はがきやカードの短い文章から

「おかあさん、ありがとう」も立派な文章

さて、いざ書こうと思っても急に長い文章を書けるわけではありません。長い文章が書けるようになるためには、まずは短い文章を書けるようになることが有効です。

そこで、クリスマスや誕生日などのイベントの際に、おじいちゃん、おばあちゃん、いとこなどに近況報告を書くように促してはどうでしょう。

先述の通り、カードに一言ぐらいであれば、小学校に上がる前のお子さんでも十分に書くことができます。

未就学児でも声がけしだいで、自分からすすんで書くようになる。
「きょぼくしたよたいそう」
（きょうぼくたいそうしたよ）

子どもが字を書く機会を持つのは、小学校からではなく、保育園や幼稚園などで書き始めることが多いですね。

自分の名前であったり、母の日などの手作りカードで「おかあさん、ありがとう」と書く機会もあるでしょう。

そういった機会に**「こんなに字が書けてえらいね」**などとほめてみてください。すると、子どもが自分の意思で文字を書き始めるようになります。

そのタイミングで絵日記や絵はがきをすすめてください。子どもにとっては遊びの延長のように感じて、喜んで書くようになるでしょう。

少しだけ遠出したら、その様子を絵はがきにしておじいちゃん、おばあちゃんや友だちに出してみましょう。

絵はがきですから短い文章でかまいません。

しかし、こうすることで、**外の世界を見る目**が養われます。**印象に残ったことを的確に短くまとめる力**もつきます。

そして、何よりも**家族や親戚や友だちとのコミュニケーション**にもなるのです。

絵はがきや絵日記などであれば、小学校に上がる前のお子さんでも十分に書くことができます。

買いたいものは「ほしい理由」を紙に書かせる

子どもは何かをほしがります。

小さい頃はおもちゃ、ゲーム、スポーツ用品。大きくなると携帯電話、スマートフォンなどなど。服をほしがることもあるでしょう。

そのような場合、親の経済的事情によって子どもの言うことを聞いて買ってあげたり、成績が上がったらなどの条件をつけたり、時には、絶対にダメと強く退けたりしているでしょう。

もちろん、それでいいのですが、もし買ってやってもいいと親が考える場合、少し工夫してみてはどうでしょう。

なぜそれが必要か、なぜ買ってほしいのか、買うとどんな利益があるのかを子ども自身に書かせるのです。もちろん、口で言わせることもできるのですが、せっかく作文を書く練習をしてきたのですから、その力を発揮してもらいます。

まとまった文章である必要はありません。箇条書きでいいのです。そして、それに説得力があったら買ってあげるという約束をします。

こうすると、**子どもは頭をひねって、買うべき理由を考えます。親を言い任せようとします。論理的に必要性を伝えて説得しようとする**わけです。

「ゲームを買うと、友だちと話ができるようになる」
「時間を決めて遊ぶので、勉強をしなくなるわけではない」

「ゲームをすることで、知識が増える」

「今度のソフトがおもしろいので、お母さんとも遊べる」

などの理由をつけて、ゲーム機やゲームソフトをねだるでしょう。

それを見て、最終的に買うかどうか決めてはどうでしょう。


こうすることで文章を書く力は飛躍的に向上します。

そして同時に、ものを手に入れるときには、責任者を説得しなければならないという社会の原則も知ることになるのです。

こんなところをほめられると子どもは喜ぶ

「ストーリーがおもしろい」が一番

作文指導において何よりも大事なのは「ほめること」です。

何度も繰り返しますが、作文を書くことを「勉強」と考えないでください。楽しい遊びのひとつと考えてほしいのです。

親と子がともに遊んで文章を作り上げます。何かの小物を作ったり、料理をしたりするのと同じようなことです。

ですから、これまで何度もお話ししてきた通り、**子どもに質問して何かを答えさせるにしても、正解を想定するべきではありません。**答えはさまざまあります。

どれもが正解です。

子どもがストーリーに入りこむことが大事です。その目的さえ達成できれば、どのような答えでもいいのです。

ほめるポイントとしては、まず「ストーリーがおもしろい」ということです。「先がどうなるか、知りたくなるね」「キャラクターがおもしろい」「どうして、こんなことを思いついたの？」というようなほめ方があります。

あるいは、表現をほめるのもいいでしょう。「この言葉の使い方、とてもいいね」「文章にこんな工夫をしたんだね。とてもいいよ」というようにほめます。

できれば、**子どもが工夫して書いたことをほめてやるのがもっとも好ましい**ことです。工夫したことがうまくいっていることを指摘されると、次にもまた試してみようとします。それをするうちにだんだん上達していきます。

「あならたらしい」のほめ言葉

もうひとつ、親が子どもにアドバイスするとき、ほめるとき、「〇〇ちゃんらしくていい」というほめ方があります。

どの文章にも、ほかの人ではないその子どもらしさが生じます。おぼつかない筆致であっても、個性がにじみ出るような表現、その子どもらしいやさしさ、たくましさ、感情の強さなどです。

そのような点については先生はほめてくれないでしょう。が、親であれば、それをほめることができます。

作文は「その人らしさ」を示すためにある、とさえ言えるでしょう。ですから、作文の中にその子ども特有の要素を見つけて、ほめるわけです。

私は、作文の練習としてはそれで十分だと思っています。

もちろん、そのほかに字の丁寧さ、漢字の使いこなし、ボキャブラリーの増加などについてもほめてください。

赤ペンで添削してあげると励みになる

批評ではなく、書き直すためのヒントを

子どもの作文を上達させたい場合、添削をするのもよい方法です。上手に添削をすることによって、見違えるほど上達するでしょう。その場合、赤字で添削することをすすめます。

白藍塾では、通信添削によって一人ひとりの作文の添削を行っています。本格的な添削については、そのような作文塾を使っていただく方法もあります。しかし、まずは親御さんによる簡単な添削でも十分だと思います。

添削といっても、一字一句改める必要はありません。

それに、子どもの書いた作文のすべてに添削を加える必要もありません。**ときおり、簡単に赤を入れるだけで十分に効果があります。**

添削というのは、基本的に作文を批評するための作業ではありません。むしろ、書き直すための作業です。子どもは添削を見て、どこがよかったのか、どこがよくなかったのか、どうすればもっとよくなるかを知り、それに気をつけながら書き直すことができるわけです。

言い換えれば、**少し書き直してほしい、書き直すととてもおもしろい作文になりそう……というときに添削する**といいでしょう。

添削をするときには、以下のポイントに気をつけます。

① ほめる

添削と言っても、修正することを中心に考えるべきではありません。添削はあら探しではないのです。前にお話しした通り、何よりもほめることが大事です。

「この部分、とてもおもしろい」「この表現、すばらしい」ということを、口で話すだけでなく、実際に作文にほめ言葉を書きこんでください。

それが子どもにとって自信につながります。

②　改善のためのヒントを示す

欠点を示すだけでは、子どもはめげてしまいます。

どうすればもっとおもしろくなるか、ヒントを示してください。

「この部分はこうするともっとおもしろくなる」「ここをもっとくわしく書くと、もっと目に見えるようになる」というような書きこみがあると、後で書き直すときに役立ちます。

また、それだけでなく、できれば一言ヒントを示すといいでしょう。「ここに、その人がどんな服を着て、どんな顔つきをしていたかを書くと、もっとおもしろくなるかも」というように。

③　完全な間違いだけを軽くチェックする

漢字の間違い、仮名遣いの間違い、原稿用紙の書き方のルール違反なども、一応はチェックする必要があります。

しかし、それはあくまでも二次的なものです。それだけをチェックすると、子どもは添削を「テスト」のように感じてしまいます。

ほめたついでに少しだけ注意するように心がけます。間違いがあまりに多い場合には、一度にすべてを注意するのではなく、そのときには、とくに注意してほしいところだけをしぼってチェックするのもいいでしょう。

④　文体はいじらない

しばしば、下手な文を赤で消して、その横に大人の文を添えるタイプの添削を見かけます。しかし、私はそのような添削をするべきではないと思っています。

文体はその人個人のものです。下手だろうと、それはその子どものものです。大人の文体に変えるべきではありません。

言葉遣いが下手でも、幼稚でも、その文体こそがその子どもの個性です。

文の中に、主語と述語がかみ合っていなかったり、文法的な誤りがあったりすれば、チェックするべきですが、それにとどめるべきです。

⑤ 道徳的判断をしない

学校の作文は、道徳教育の一環として行われることが多いようです。そのため、学校の先生はしばしば道徳的な添削をします。

思いやりのあるような内容にすると、「やさしい心を持ち続けてください」などとコメントしたりします。

逆に、いたずらをした話を書いたりすると、「これからはそんなことはしないように気をつけましょう」と書くことが多いでしょう。

しかし、第4章でもお伝えした通り、空想作文は悪い心も示してこそ、おもしろいものです。道徳的な話ほどつまらないものはありません。

ですから、学校の先生のような道徳的な判断はしないでください。

次のページの添削例を参考に、ぜひ子どもに寄り添った添削に取り組んでみてください。

目に見えるように書かれていて、
とてもいいよ。おもしろい！

宇宙かいじゅうがせめてきました。

ドキューン、ドキューン。

ぼくは友だちのマサといっしょにロケット
にのってたたかいました。

「よおし、こんどは右からこうげきだ。」

とマサは言いました。

「今度は前からだ。」

とぼくはいいました。

「ようし、スイッチオン。ゴー。」


どんな形だったのかなぁ？

5000ミリMAAばくだんをとうか！

バキューン、バミューン、バリバリ、ガンガン……。

「右エンジンをやられた。」

「だっしゅつしよう。」

さやかは地上でぼくをずっと待っていました。ぼくがたたかっているあいだもとても心配していました。さやかはちきゅうの王女様でした。

さやかは「ぼく」の子どものころからの友だちなの？　ちょっとそのことを書くといいね。

作文を書くのを嫌がったときは

無理強いは禁物

ここまで読まれた多くの方に空想作文の楽しさ、文章を書くことの意味についてわかっていただけたと思います。

が、同時に、多くの方が、**「そのように上手に書けるようになる子どもがいるにしても、うちの子どもはどうだろう。すぐにめげてしまったり、書くのを嫌ったりしないだろうか」**と心配なさっていると思います。

もちろん、お子さんの中にはどうしても作文好きにならない子もいます。ですが、私たちの塾に寄せられる保護者様からのお便りによると、予想以上に子どもたちが自分から楽しんで作文に取り組む様子がうかがえます。

とは言っても、いつも子どもが喜んで作文に取り組むわけではありません。

そこで、いくつか、お子さんが作文を書くのを嫌がったときの対応をお話ししましょう。ほとんどがこれまでの繰り返しになりますが、まとめてみます。

①よいものを書く必要はない

はじめのうちから長い文章を書く必要もありません。評価をする必要もありません。人と比べる必要もありません。第一の目的は、ともあれ持続的に嫌がらずに文章を書くということです。それだけで力はつきます。

ちょっとした思いつきでも書くように仕向けること、これが大事です。

②無理強いしない

書きたい気にさせることを最優先させてください。無理強いされると嫌いになってしまいます。お子さんの顔色を見ながら、本当に嫌がっているときにはしばらく書くように促すのを中止してもいいと思います。

しばらくたって、子どもの気分が乗っているときを見計らって書くように仕向けます。

③ ストーリーを一緒に考える

子どもが一人でアイデアを思いつくのはなかなか難しいことです。親との合作でかまわないのです。

お子さんと相談しながら、大まかなストーリーを決めていきましょう。なるべくお子さんのアイデアを生かしながら、親が軌道修正をしてアイデアを練ります。

④ 話をたくさんさせる

話をするのは好きなのに、文章を書こうとすると書けない子どもがいます。その場合には、先に話をさせてください。そして、「それを少し整理して書くだけでいいんだよ」とアドバイスしてください。

とはいえ、整理して書くのは難しいのですが、それでかまいません。はじめからよいものにする必要はありません。話した内容を書かせて、その後に、足りないところを指摘して、「これも書けばよかったんだよ」とアドバイスします。

⑤ 絵から入る

文章よりも絵のほうが得意な子どもがいます。そのような子どもは絵は自分から書こうとします。ですから、文章を書くのを渋ったら、まず絵を書かせてください。

そして、その絵について説明させます。

「これは何をしているところなの？」

「ここに書いているのは何？」

「この人は何をしようとしているの？」

というように尋ねます。そして、「すごくおもしろいから、それを文章にしてみたら？」とすすめます。それを数回続けるだけでいいのです。

⑥ 交換条件を出す

それでも書くのを嫌がるようでしたら、最後の手段として、「交換条件」があります。

「これを書いたら、ケーキを出してあげる」「これを書いたら、ゲームをしていい」などです。

このような交換条件には反対する人もいますが、私はむしろ自然なことだと思います。手段は何であれ、書くことが習慣になれば、それでいいのです。

第6章

読書感想文、小論文も大得意に!

絵日記、行事作文は感動したことを書けばいい

ここでも「型」がいきてくる

これまで空想作文を中心にお話ししてきました。

ここまでお話ししてきたことは、学校での作文に役立つものではなく、むしろ国語力を中心とした学力全般を上げるための家庭学習としての作文でした。

しかし、もちろん空想作文で力をつけたのですから、学校で書くことになる作文も上手なものを書きましょう。

空想作文を書いていれば、それは難しいことではありません。それどころか、ちょっとした工夫ですぐに行事作文も読書感想文も絵日記もこなすことができます。

そこで、ここにそれぞれの文章の書き方を説明します。どのタイプの作文も、これ

まで説明した「ホップ、ステップ、ジャンプ、着地」の型を応用することですんなりと書くことができます。

絵日記は絵よりも題材が大事

小学校低学年の間は絵日記を書く機会が多いでしょう。

ただし、昔のように、夏休みの毎日の様子を書くのではなく、夏休み全体を通じて数枚を書くことが求められることが多いようです。

絵日記については、空想作文を少し書き慣れていれば、簡単に書くことができます。

もちろん、空想であることは求められていませんので、実際にあった話でなければなりませんが、**「ホップ、ステップ、ジャンプ、着地」の中のもっとも感動的な「ジャンプ」の部分を絵にすればいい**のです。

逆に言えば、絵にしたくなるような感動的な経験をジャンプの部分にして、絵を描き、文章を作ればいいのです。

もちろん絵日記の上手下手は、絵を描く力によりますが、それ以上に、描かれる題材が大事です。子どもが感動したことを描くのが絵日記です。ですから、何よりも子どもに感動を与えることが大事なのです。

【第一部（ホップ）】お話の発端です。これからお話ししようとしていることの始まりを書きます。ごく簡単に、いつどこに行ったというような文で十分です。

【第二部（ステップ）】話の続きの部分です。ただし、ここではもっとも印象に残ったことではなく、それに至るまでの過程などを書きます。

【第三部（ジャンプ）】ここで描くことを絵で表現します。絵の中に大事なことはすべて書きますので、文章の中では、思ったこと、考えたことのような目に見えないことを書くといいでしょう。

【第四部（着地）】全体の出来事を短くまとめれば十分です。

次のページの絵日記を参考に書かせてみてください。

8月9日　はれ

きょう、すいぞくかんにいきました。

たくさんの魚がおよいでいるのを見ました。

ぼくがいちばんすきだったたのは、ねったいぎょがたくさんいるすいそうでした。とてもきれいでした。

ねったいのうみにいって、ねったいぎょといっしょにおよぎたいとおもいました。

行事作文は書きたい内容をしぼる

行事作文というのは、遠足や運動会など、学校の行事に合わせて課される作文です。**このタイプの作文では、もちろんフィクションを書くべきではありません。**が、だからといって出来事をすべてそのまま書いていたのでは、まったくつまらない作文になってしまいます。上手に書きたい内容をしぼることがコツです。

【第一部（ホップ）】お話の発端です。これからお話ししようとしていることの始まりを書きます。フィクションでなければ、空想作文と同じような書き出しのテクニックが使えます。

【第二部（ステップ）】話の続きの部分です。ただし、ここではもっとも印象に残ったことではなく、それに至るまでの過程などを書きます。

【第三部（ジャンプ）】ここで、行事の中で起こったもっとも印象に残ったことをくわしく具体的に書きます。

目に見えるように書くことがコツです。全体の40％くらいが適当でしょう。

【第四部（着地）】全体の出来事を振り返っての感想や教訓などを書きます。学校作文の場合、「友情の大切さを知った」「自然の大事さを知った」などというように、少し道徳的にまとめるほうが高い評価が得られるでしょう。

次の作文は小学6年生の女子が書いた行事作文です。

移動教室

和田優花（小6）

移動教室で飯盛山に登ったことが鮮明に私の心に残っています。

グループの人の名前で応えん歌をつくり、はげまし合いながら、頂上を目指しました。途中、砂利で歩きづらいところは、友達同士、男女関係なく、手をとり合いました。

頂上に着き、周りを見渡しました。そこで見た景色は格別でした。辺り一面は、まるで誰も住んでいない古代の地球のようでした。木々は鮮やかな緑色で、空気は澄み渡り、風の流れが見えるようでした。このとき見た景色は一生忘れられません。

あの景色が見られたのも、助け合いながら共に登った友達のおかげです。私は、友達と助け合うことの大切さを深く感じました。（以下省略）

短い作文ですが、ところどころに目に見えるような具体的な状況が描かれていて、とても鮮明です。

「砂利で歩きづらいところは、友達同士、男女関係なく、手をとり合いました」という動きのある描写、「辺り一面は、まるで誰も住んでいない古代の地球のようでした」という比喩、「風の流れが見えるようでした」という表現、いずれも見事です。

情景が的確に描かれているために、山に登った感動が伝わってきます。そのために、「友達と助け合うことの大切さ」という感想も、読む人は素直に納得できます。

読書感想文も「型」にあてはめれば簡単！

出だしに本を読んだきっかけを。あらすじは手短に

読書感想文も、もちろん作文の一種ですので、「ホップ、ステップ、ジャンプ、着地」を応用することができます。もちろん、かなり自由に書いていいのですが、どう書いていいかわからない人は、次のようにするとうまく書けるはずです。

【第一部（ホップ）】本の題名や表紙の印象を伝えます。「題名がおもしろかった」「表紙のゆうれいの絵がこわかった」といったことを書きます。

その本を読んだきっかけを書くのもいいでしょう。「友だちが読んでおもしろいと言っていた」「図書館でたまたま見つけた」といった内容です。

【第二部（ステップ）】本の内容、あらすじを書きます。

ただし、感想文はあらすじ紹介が主ではありませんので、長く書き過ぎないように注意します。重要な登場人物を紹介し、一番大きな事件をまとめ、最後にどうなったのかを書けば十分でしょう。

【第三部（ジャンプ）】その本の主題、言いたいことを探り当て、それに対する自分の考えをまとめます。そのほかに、本を読んで考えたこと、疑問に思ったこと、とくにおもしろいと思ったことなどを書くのもいいでしょう。なるべく個性的に書きます。ここが読書感想文の中心です。

なお、ジャンプの内容は後ほどもう少しくわしく説明します。

【第四部（着地）】全体をまとめます。これからどのように生きていきたいか、どんな本を読みたいかなどを加えてもいいでしょう。ホップで書いた、読む前の印象がどう変わったのかを書くのもいいでしょう。短くまとめて、しめくくります。

「ジャンプ」で自分が考えたことを述べる

読書感想文のもっとも大事な部分は、第三部の「ジャンプ」です。

そこには、次のようなことを書くといいでしょう。ただし、これらをすべて書く必要はありません。これらの中からひとつのポイントにしぼって書くといいでしょう。

①　その本が言いたいことを書く

本には「主題」、つまり「言いたいこと」があります。「人間は利己主義的だ」「友情は大事だ」「人間には子供らしさを失わないことが大事だ」などといったことを言おうとしているのです。

しかし、物語は、何を言いたいのかはっきりと書かれているわけではありません。いろいろな解釈ができるように書かれています。ですから、その本が何を言いたいのか、なぜそう言えるのかをこの部分に書きます。そして、そのことについてどう考えたかを加えます。

② その本を読んで考えたことを書く

「この本を読む前は、人間の生き方についてこう考えていたが、この本を読んで、このように考えるようになった」というように説明します。それを考えると、必然的に、その本の主題について考えることにつながります。

③ 疑問を書く

本を読むと、「なぜ、登場人物はそんなことをしたのだろう」「なぜ、その時代はみんながそんなふうなことをしていたのだろう」と疑問に思うことがあるはずです。それを示します。ただし、疑問を書くだけではなく、自分でその理由を考えてみましょう。人に尋ねたり、調べたりしてもいいでしょう。そうした内容も書くと、レベルの高い感想文になります。

④ 本の中でおもしろかった部分を書く

本の中でどこがおもしろかったのか、それはなぜかを書きます。書き方によっては、とても個性的でおもしろい感想文になります。

次の作文は小学3年生の女子が書いた読書感想文です。

としょかんライオン

高橋愛実（小3）

さいしょに題名を見たときは、こわいライオンなのかなと思いました。けれどひょうしの絵を見たらやさしい顔をしていたからいい話をきたいしました。

図書館に、ライオンがやってきました。ライオンは、ルールをまもって、お手つだいや、みんなと本を楽しんでいました。ところがメリウェザーさんがへやで本をとろうとしたら落ちてこっせつをして、それをしらせるため、ルールをやぶってしまいました。でもマクビーさんは、「ちゃんとしたわけがあるのならきまりをまもれないことだってある」と言ってくれたので、また図書館にもどることができたのでした。

この本は、「ちゃんとしたわけがあるのならきまりをやぶってもいい」とつたえたかったと思います。メリウェザーさんがけがをして、ライオンにはさけんでたすけるしかないと思って、さけんでしまったと思います。もし、ライオンがほえなかったらメリウェザーさんは、すごくいたいのが長くなっていたと思います。きまりをまもれないのは、きゅうきゅう車やパトカーやしょうぼう車だって同じです。そういうのりものは、赤しんごうでもわたることがゆるされています。ほかにもこんな「れい」があります。たとえば、学校には、かんけいない人は入ってはいけません。けれどもさいがいのときは、入ってもいいことになっています。どれもきんきゅうじたいで人のいのちやきけんなことだからルールをやぶってもいいです。ルールよりもたすけることがだいじです。

きたいしたとおりライオンは、お手つだいをしたり人だすけをしたりやさしいライオンでした。ふつうのライオンとはちがうと思いました。いい話でした。

ライオンのしたことは正しかったと言うために、救急車、パトカーの緊急走行や学校が災害時の避難場所になるケースを紹介しているところが、すばらしいですね。本の主題に対する自分の考えもきちんと説明できています。

この本を読んで、どうやって意見を深めたかが、わかりやすく伝わってきます。

イエス・ノーの立場をはっきりさせるのが小論文

中学受験でも取り入れられるように

小論文は、私立中学や高校の入試でも取り入れられるようになった科目です。「作文」は、ある出来事の感想をいきいきとした文章で書こうとするものですが、それに対して、「小論文」は新聞などで問題になっているようなことについて、感想ではなく、**それが正しいかどうか、どうすればいいのか**、などを考える文章のことです。

小論文と作文のもっともわかりやすいちがいは、何かを「論じる」のが小論文、そうでないのが作文だということです。論じるとは、ある問題に対してイエスかノーかを答えることです。

たとえば「自然環境」について書くように求められたとき、「自然環境を守れるか」とか、「自然環境を守るほうが物にあふれた生活をするよりも大事か」というような問題について、イエスなのか、ノーなのかを答えるのが、小論文なのです。

慶應義塾女子高等学校の平成22年度の国語の入試問題で次のようなものがありました。安野光雅氏の『算私語録』の一節を読ませ、その後にこんな問いがあります。

あなたが体験したことで不思議だと感じたことは何ですか、その疑問に対するあなたなりの答えも含めて六百字以内で書きなさい。

この問いの場合、国語の問題ですから、「不思議だと思うこと」といっても「なぜ空は青い」というような理系的な問題を考えるべきではありません。

それよりも、「楽しいときには時間を短く感じるのが不思議だ」「女の人ばかりスカートをはいて男の人がスカートをはかないのは不思議だ」「運動会で順位をつけない運動会があるなんて不思議だ」というような社会や人間についての疑問を取り上げると書きやすくなります。

そのうえで、「楽しいときには時間を短く感じるのは当たり前のことなのだろうか」「女の人ばかりスカートをはいているのは当然のことなのか」「運動会で順位をつけなくていいのか」というように考えると、イエス・ノーを論じる形になって小論文らしくなります。

賛成・反対の理由をちゃんと書く

基本的に小論文は問いに対してイエスかノーか答え、理由を書いていく、といった流れになります。

【第一部（ホップ）】問題にされている事柄の問題点を整理して、イエスかノーかという問題をはっきりさせます。全体の10％ほどでかまいません。

【第二部（ステップ）】イエス・ノーのどちらの立場を取るかをはっきりさせます。

ここは、「**たしかに……。しかし……」という書き出しで始めると書きやすい**でしょう。

「たしかに」の後で、自分と反対の立場にもよい面があることを示します。そして、その後で自分の考えを書くわけです。たとえば、反対の立場によい面があることを認めて、「たしかに、別の考え方もある。たとえば、こんなことがある。しかし、私は、それには反対だ」というパターンにするわけです。

ただし、この部分で書き過ぎてしまうと、次の「ジャンプ」で書くことがなくなってしまいますので、書き過ぎないように。

【第三部（ジャンプ）】「ステップ」で書いたことを説得するための場所です。「ステップ」でイエスなのか、ノーなのかを示したわけですから、そう考える理由を書きます。それだけでは字数が不足する場合などには、それをもっとよくする対策などをできるだけくわしく書くこともできます。

【第四部（着地）】もう一度全体を整理して、イエスかノーかをはっきり述べるだけで十分です。努力目標や余韻を持たせるような締めの文などは必要ありません。

次の作文は小学5年生の男子が書いた小論文です。

順位をつけないような運動会は好ましいのだろうか　植田怜大（小5）

最近の小学校の運動会では、順位をつけずに徒競走をさせる事が多い。だが、順位をつけないような運動会のあり方は、好ましいのだろうか。

確かに、順位をつけなければ、平等になり、足のおそい子ははずかしい思いをせず、目立たずに、ゴールする事ができ、せっかくの運動会なのだから、悪い気分で、運動会をやってほしくないと思うかもしれない。しかし、ぼくは順位をつけないような運動会は好ましくないと思う。

運動会というのはもともとチームに分かれ、勝負を決めるものだろう。順位を決めないのはおかしいのではないか。それに、負けという経験をもたない人間は、とても打たれ弱く、大人になって、社会に出たら、少し上司から文句をいわれたくらいで、悲しむような人になってしまうのだ。だから、これから大人になり、社会に出て、世の中をささえる子供に物をおしえたりする学校で、順位を決めないのは、教育上、問題点であるともぼくは思う。
　したがって、ぼくは、順位をつけないような運動会のあり方は好ましくないと思う。将来、役に立たない人になってしまうからだ。

運動会の本来の意義から、一歩踏みこんで「負ける経験の大切さ」に注目し、非常に深みのある論を展開できています。運動会も学校で行われている以上、教育的に意味のあることで、だからこそ順位をつける必要がある、となじみ深い題材を説得力のある新たな切り口で論じられています。

理由はいくつも書かず、1つか2つに

小論文を書くときにはいくつか気をつけたい点があります。次の3つの点を意識して書かせるようにしてください。

①　型通りでいい

小論文を書くときには、空想作文のテクニックはあまり使うべきではありません。前に示したような文章を型通りに書きます。

小論文で大事なのは、内容であって文体ではありません。形式は決まり通りにして、その内容に鋭い分析などをふくませるべきなのです。

②　「ジャンプ」には「理由」を中心に書く

問題提起したことについて賛成・反対の理由を書く部分ですが、ここには、自分にとって楽しいか、自分が得をするかではなく、世の中がよくなるのかどうかを考えます。

「賛成だ。なぜなら、日本の未来のためにそのほうがいいからだ」というように話を進めるのがよい小論文です。

③　理由は1つか2つにしぼる

賛成・反対の理由は、実際にはいくつもあるかもしれません。しかし、文章の字数は限られています。**少ない字数でいくつものことを書くと、ひとつひとつの説明が短くなってしまって説得力がなくなります。**理由は、1つか2つにしぼるのがコツです。

小論文は「空想作文」を繰り返し書いていくことで、型を覚え、簡単に書けるようになります。まずは「ホップ、ステップ、ジャンプ、着地」を意識して、作文に取り組ませることが大事です。

今まで読んだ本が書くときの手本になる

読書も量！多読のすすめ

本を読むことも、作文と同じぐらい大事です。

読書と作文は、裏表の関係です。言うまでもないことですが、本を読まなければ、どのような文章がおもしろいのかを理解できません。**読書により書くための知識も増え、テクニックも身につきます。**本は自分の書くものの手本になるのです。

私が子どもの読書の方法としてすすめるのは、まずは多読です。

読めない漢字や意味のわからない言葉があっても、気にせずに読み飛ばしてもかまいません。ストーリーの先を知りたくてどんどん読んでいいのです。

繰り返し読むうちに、漢字も読めるようになりますし、知らない言葉もだんだん見当がつくようになります。それでいいのです。

子どもが本を読むようになる最大のコツ、それは親自身が本を読むことです。

親が常に本を手元に置き、しばしば読書にふけっていれば、子どもも自然に本を手に取ります。本を読むことが自然な行為になるのです。まずは親が本を読む習慣をつけましょう。

図書館でたくさん借りて、お気に入りを買う

本を読む場合、図書館で借りるか、書店で買う方法がありますね。図書館で本を借りるのはとてもいいことです。そうしてこそたくさんの本を読むことができます。好きな本に出合う可能性が増えてきます。

ですが、同時に、借りるだけでなく、本を買ってほしいとも思うのです。

本は一度だけでなく、二度、三度と読んで、内容を深く理解できます。愛着が深まっていきます。そして、**繰り返し読んでこそ、本の中身が自分のものになっていきます。**

　そのためには、本を手元において、繰り返し読む必要があるのです。

　好きになった本は、場所が許す限りずっと所有して、繰り返し読むものだと思います。

　子どもの頃に読んだものを大人になって読み返してみると、別の見方をすることができます。それこそが本を読む楽しみでもあるのです。

読むと書きたくなるおすすめの本

作文を書きたくなるような本を紹介しましょう。

いずれも、創作意欲がわき、少しまねをして書きたくなる本です。ここではシリーズものをたくさん紹介します。1冊が気に入ったらシリーズの別の作品を読んでいくと読書が広がります。

・せなけいこ「おばけえほん」シリーズ（童心社）

子どもたちはおばけが大好きです。かわいいおばけたちですので、子どももこわがらずに楽しむことができます。小学校低学年向けです。

・あんびるやすこ「なんでも魔女商会」シリーズ（岩崎書店）

女の子向けの魔女のシリーズです。料理、ファッション、動物など女の子の喜ぶアイテムがいっぱいで、夢にあふれる魔女の物語です。小学校低学年から十分に楽しめるでしょう。

・那須正幹「ズッコケ三人組」シリーズ（ポプラ社）

保護者の中にもこれを読んで育った方が多いでしょう。現在でも十分に通用するおもしろさです。ミステリー、ホラー、SFなど様々なジャンルの物語を楽しむことができます。

・原ゆたか「かいけつゾロリ」シリーズ（ポプラ社）

子どもたちが大喜びのシリーズです。きれいごとでは済まされない子どもの心をうまく動物たちに仮託して描いています。

・杉山亮「ミルキー杉山のあなたも名探偵」シリーズ（偕成社）

おばけ、魔法、冒険の次に子どもの興味を引くのが探偵ものです。このシリーズは、日常的な事件を描いたものが多く、低学年や中学年の小学生も安心して読むことができます。

・斉藤洋「ナツカのおばけ事件簿」シリーズ（あかね書房）

ちょっとこわいけれど楽しんで読める子ども向けホラーです。おばけは子どもたちにとってとっつきやすい題材です。短編ですので、そのまま自分で書く場合の模範になります。

・廣嶋玲子「ふしぎ駄菓子屋 銭天堂」シリーズ（偕成社）

悩みを持った子ども、問題を抱えた子どもがふっと導かれるレトロな駄菓子屋。そこで売られているお菓子を食べると不思議な世界に連れていかれます。子どもたちに大人気のシリーズです。

・上橋菜穂子「守り人」シリーズ（偕成社ほか）

同シリーズの『精霊の守り人』はアニメ化、ドラマ化もされています。『指輪物語』（J・R・R・トールキン）、『果てしない物語』（ミヒャエル・エンデ）など海外の名作にも負けない壮大な世界を魅力的に描くファンタジー小説です。